Renate John/Heinrich Fallner

Handlungsmodell Supervision

Beratung

Theoretische Grundlegung
und praktische Anwendung

UBF **URSEL BUSCH FACHVERLAG**

HANDLUNGSMODELL SUPERVISION

Beratung; theoretische Grundlegung und praktische Anwendung

Einleitung

In diesem Buch wird ein Handlungsmodell für Supervision vorgestellt.

Supervisionsvorgänge sind in ihren Zusammenhängen erkennbar. Arbeitsansätze werden erklärt und begründet. Das Buch will zur Transparenz der Supervisionsarbeit und des Supervisionsprozesses beitragen. Es ist ein Anliegen, Ansätze empirischer Überprüfbarkeit für die Supervision herauszufinden.

Im **ersten Kapitel** geht es um die Bedingungen unter denen Supervision stattfindet. Der Zusammenhang zwischen strukturellen Bedingungen und in der Supervision wirksamen Bedingungen wird aufgegriffen. Fünf Institutionalisierungsansätze von Supervision, die zur Zeit praktiziert werden, sind in Bezug auf Merkmale, mögliche Vor- und Nachteile und implizierte Problemtendenzen beschrieben. Supervisor und Supervisand finden Anhaltspunkte und Kriterien für die eigene Supervisionspraxis und ihre institutionelle Einbindung.

Im **zweiten Kapitel** wird das Handlungsmodell in den Einzelteilen vorgestellt. Der Gegenstand, auf den sich die Supervision während des gesamten Supervisionsverlaufes ausrichtet, wird definiert. Die Distanz der Supervision zum Praxisfeld des Supervisanden wird als Reflektionsvoraussetzung beschrieben.

Das Bedingungskonstrukt wird als Grundannahme für die systematische Reflektion und Veränderung des beruflichen Handelns eingeführt. Grundmuster, die Zusammenhänge zwischen der Person des Supervisanden und seinem Praxisfeld aufzeigen, ermöglichen Analyse und Aufschlüsselung von Ursache und Wirkung sowie damit verbundener Probleme im Erleben und Handeln des Supervisanden.

Für die methodische Ausrichtung des Supervisors auf den Gegenstand der Supervision werden Interventionsansätze angeboten, die einerseits eine Integration von Methoden aus anderen Beratungs- und Theorieansätzen ermöglichen, andererseits eine Verselbständigung solcher Methoden kontrollierbar machen.

Um eine umfassende Reflektion zu gewährleisten, werden für die Ausleuchtung des Gegenstandes fünf Lernbereiche abgesteckt, die akzentuierende Wirkung haben.

Das Medium für die Reflektion sind die Beziehungen zwischen den Supervisionsbeteiligten. Die Beziehung zwischen Supervisor und Supervisand wird als Arbeitsbeziehung beschrieben. Kritische Stellen werden aufgezeigt.

Im **dritten Kapitel** geht es um die Vorgehensweise innerhalb der einzelnen Supervisionsphasen. Supervision wird als ein zusammenhängender Prozeß beschrieben, der in Phasen abläuft. Die Schwerpunkte der einzelnen Phasen werden erkennbar. Die Phasenbeschreibung ist für praktizierende Supervisoren und Supervisanden eine Hilfe für die eigene Ortung im Supervisionsprozeß. Orientierung und Informationsgewinnung, Spannung zwischen Darstellung und Wahrnehmung, Akzentuierung und Umstrukturierung sind die Stichworte für die einzelnen Phasen.

Im **vierten Kapitel** werden Reflektions- und Kontrollstandards, Materialien und Übungen für die Supervisionspraxis angeboten. Die Standards und Materialien sind für das vorliegende Handlungsmodell als Interventionsmaterial entwickelt oder von anderen Ansätzen abgeleitet. Sie wurden erprobt und sind zum Teil bereits fester Bestandteil in der Supervisionspraxis der Autoren. Das Material soll zur Weiterentwicklung anregen. Es ist über die Supervision hinaus auch für verwandte Beratungsformen umsetzbar und anwendbar.

1. Supervisionsbedingungen

Supervision ist eine Form von Beratung, die eine systematisierte Reflektion des beruflichen Handelns von Personen (Supervisanden) ermöglicht, die in sozialen und pädagogischen Praxisfeldern tätig sind.

Ihr werden ausgesprochen oder unausgesprochen bestimmte Funktionen von Seiten der Institutionen zugeschrieben, die im Interesse der Supervisionsbeteiligten liegen können und unter anderem Ausdruck finden im finanziellen Aufwand, zeitlichem Umfang und im räumlichen Angebot einer Institution.

Der Rahmen, den eine Institution für Supervision zur Verfügung stellt, kann den Einfluß, den sie auf die Supervision nehmen möchte, verschärfen, entschärfen, verzerren oder verschleiern.

Jede Form institutioneller Einbindung, auch Supervision in freier Praxis, hat Problemtendenzen in sich, die, je nach Reflektionsstand der Supervisionsbeteiligten, Bedingungen für den Ablauf und die Inhalte von Supervision setzen.

Die Art der Einbindung in eine Institution und die Intention einer Institution werden auf der inhaltlichen und personalen Ebene innerhalb der Supervision wirksam. Werden solche Rahmenbedingungen nicht reflektiert, so sind sie dennoch auf der personalen Ebene relevant. Die Art und Weise der Gestaltung von Rolle, Macht und Abhängigkeit durch die Supervisionsbeteiligten läßt Rückschlüsse auf die Beeinflussung durch die Institution zu.

In der Supervision geht es um eine gründliche und systematisierte Reflektion des beruflichen Handelns von Supervisanden in sozialen und pädagogischen Praxisfeldern. Veränderungen des Erlebens und Handelns sollen erreicht werden.

Der Supervisor setzt Strukturen für Reflektions- und Veränderungsprozesse. Er achtet darauf, daß der Schwerpunkt auf dem beruflichen Handeln liegt und daß der Supervisand aus der eigenen Motivation und Veränderungsleistung heraus im Supervisionsprozeß bleibt.

Supervision erfolgt in den Konstellationen:

- ☐ Supervisand und Supervisor
- ☐ Supervisanden und Supervisor

Die zuletzt genannte Form ist auch mit zwei Supervisoren denkbar.

Es wird davon ausgegangen, daß der Supervisor für die Supervisionsarbeit folgendermaßen ausgebildet ist:

- ☐ Ausbildung in einem sozialen oder pädagogischen Beruf
- ☐ längerfristige Ausbildung und Praxis in Methoden
- ☐ Ausbildung als Supervisor

Es ist wichtig, daß der Supervisor Praxis und theoretische Kenntnisse, sowie Erfahrungen mit anderen und mit sich selbst in Beratungssituationen hat, wenn ein langangelegter und zielorientierter Reflektions- und Veränderungsprozeß unter Mitwirkung aller Supervisionsbeteiligten gelingen soll.

1.1. Zielgruppen, Motivation und Intention

Supervision ist eine Beratungsform für soziale und pädagogische Berufsrolleninhaber wie Sozialarbeiter, Sozialpädagogen, Pädagogen, Psychologen, Erwachsenenbildner, Seelsorger, Diakone, Krankenschwestern und andere.

Supervision wendet sich an Personen aus Berufsgruppen, Institutionen und Projekten, deren Ziel und Aufgabe problemlösungsorientierte und/oder bildungsorientierte Arbeit am Menschen ist.

Der Anlaß, aus dem heraus der o. g. Personenkreis Beratung in Form von Supervision wünscht, ist je nach Person und Situation verschieden. Die Tatsache, daß jemand um Supervision fragt, sagt jedoch nichts über seine persönliche Motivation aus.

Ausbildungs- bzw. berufsbedingte Auflagen, Supervision nehmen zu müssen, verhindern eine effektive Supervision, sofern nicht Anteile einer persönlichen Motivation vorhanden sind.

Aufgezwungene Einsicht, daß Supervision nötig ist und sinnvoll sein kann, ist kein Ersatz für eine persönliche Motivation, Arbeit zu reflektieren, Lernmöglichkeiten zu suchen, Fragen zu stellen, erlebte Probleme, Defizite und Konflikte unter Einbeziehung persönlicher, fachlicher und institutioneller Anteile zu reflektieren und zu bearbeiten.

Die Reflektion der Motivation des Supervisors, mit Supervisanden aus einem bestimmten Praxisfeld zu arbeiten, ist ebenso wichtig wie die Reflektion der Motivation des Supervisanden.

Abklärungen auf beiden Seiten werden erreicht, wenn Supervisand *und* Supervisor ihre Vorstellungen über Supervision benennen und ihre Erwartungen an Supervision zum Ausdruck bringen.

Welche Interessen hat der Supervisand/Supervisor?

Welche Erwartungen hat die Institution des Supervisanden/Supervisors an die Supervision?

Welche Interessen, Bedürfnisse und Wünsche der Klienten/Adressaten aus dem Praxisfeld leiten den Supervisanden/Supervisor in der Motivation zur Supervision?

10

Damit ist aufgezeigt, daß es sich nicht um ein einseitiges Abfragen durch den Supervisor oder den Supervisanden handeln kann, vielmehr sollen beide zu Beginn der Supervision ihre Motivationen, Einstellungen und Standpunkte soweit wie möglich benennen.

Dadurch soll erreicht werden, daß dem Supervisanden bewußt wird, daß der Supervisor innerhalb der Supervision nicht neutral und wertfrei mit dem eingebrachten Praxismaterial und dem Supervisanden umgehen kann und will.

Der Supervisor agiert von seinem Standpunkt aus (Motivation und Perspektive) und hat nur seine Kompetenz (Ausbildung, Erfahrung, Methodenrepertoire und Konzept); er ist begrenzt und nicht omnipotent.

Das berufliche Handeln des Supervisanden wird durch seine Person und durch die personalen und strukturellen Gegebenheiten in seinem Praxisfeld beeinflußt. Es ist nicht beabsichtigt, dem Supervisanden kurzfristige Entlastungen und Lösungen für berufliche und persönliche Schwierigkeiten anzubieten. Vielmehr ist beabsichtigt, den Supervisanden herauszufordern, seine Erfahrungen, seine praktischen und theoretischen Kenntnisse über personale und strukturelle Bedingungen in seinem sozialen oder pädagogischen Praxisfeld und sein Wissen über sich selbst zu erweitern, zu reflektieren und für Umstrukturierungen einzusetzen.

Die Intention liegt darin, das vorhandene Bedingungswissen gezielt auf das berufliche Handeln hin handhaben zu können. Eine weitere Intention ist es, daß der Supervisand seine Erfahrungen, Kenntnisse und methodischen Vorgehensweisen reflektiert, damit er Veränderungsprozesse bei sich und anderen initiieren und zielgerecht steuern kann. Der Supervisand soll somit Änderungswissen im Blick auf Methoden und deren Auswirkungen auf das berufliche Handeln erhalten, hinterfragen und ergänzen können.

Wird das vom Supervisanden eingebrachte Praxismaterial mit dem Supervisor nach diesen Gesichtspunkten bearbeitet, so wird Supervision nicht zum »Vehikel für therapeutische Maßnahmen« an den intrapsychischen Strukturen des Supervisanden, vielmehr bleibt das eingebrachte Praxismaterial Ausgangs- und Bezugspunkt für die Supervisionsarbeit unter Berücksichtigung der Subjektivität des Supervisanden.

Ebenso wird das eingebrachte Praxismaterial dann nicht zum »Vehikel für politische Agitation« im Sinne von direkter struktureller Veränderung der Institution und der Gesellschaft; es ist vielmehr der Ausgangs- und Bezugspunkt für die Supervisionsarbeit unter Berücksichtigung der Möglichkeiten des Supervisanden und der allgemeinen Bedingungen im Praxisfeld.

Der Supervisand leistet im vorliegenden Handlungsmodell die Reflektions- und Umstrukturierungsarbeit aus dem eigenen Veränderungspotential heraus und wird durch seine Motivation und sein Interesse im Supervisionsprozeß gehalten.

1.2. Das Selbst- und Handlungsverständnis des Supervisors

Das berufliche Handeln des Supervisors wird durch seine Person und durch die personalen und strukturellen Gegebenheiten seiner engeren oder weiteren institutionellen Einbindung beeinflußt. Er ist durch seine individuelle Lebens- und Ausbildungsgeschichte geprägt. Er hat Erfahrungen in dieser Gesellschaft gesammelt und Zielvorstellungen entwickelt.

Seine persönliche und berufliche Entwicklung und seine Auseinandersetzung mit den gesellschaftlichen Bedingungen sind Bestandteile seiner Einstellung.

So ist er in seinem beruflichen Handeln nicht objektiv, neutral und wertfrei, sondern subjektiv, parteilich und bewertend.

Es ist unumgänglich, daß sich der Supervisor als Person und Handelnder im Praxisfeld und in der Gesellschaft in seiner Einstellung und seinen Zielsetzungen kennt und versteht.

Der Prozeß des eigenen Verstehens ist ein ständiger Prozeß. Während der langjährigen Ausbildung zum Supervisor sollte dieser Prozeß jedoch verstärkt und so intensiv sein, daß die eigene Parteilichkeit und Subjektivität für das berufliche Handeln als Supervisor durchsichtig werden. Diese Selbstkenntnis ist die Voraussetzung für bewußtes und verantwortliches Zurückhalten und Eingeben eigener Einstellungen, Zielsetzungen und Bewertungen im Supervisionsprozeß.

Für die Person des Supervisors und für sein methodisches Handeln innerhalb der Supervision ergeben sich durch Selbstreflektion, kollegiale Beratung, Fortbildung und Training ständig Möglichkeiten der Überprüfung seines Selbst- und Handlungsverständnisses.

Für seine Einstellung, seinen Standpunkt und seine Zielsetzungen innerhalb der institutionellen Einbindung und der Gesellschaft braucht der Supervisor die ständige Auseinandersetzung, wenn er die Auswirkungen dieser Bedingungen auf das berufliche Handeln des Supervisanden berücksichtigen will. Die Frage, wie sich der Supervisor innerhalb der Institution und der Gesellschaft versteht, ist für seine Funktion und seine Zielsetzung als Supervisor, als auch für sein realistisches oder nichtrealistisches Umgehen mit den Praxisproblemen der Supervisanden von Bedeutung.

Es ist erforderlich, daß der Supervisor seinen Standpunkt und seine Sicht bezüglich institutioneller und gesellschaftlicher Zusammenhänge erkennt, präzisiert und definiert.

Eine Voraussetzung dazu ist, daß er sich mit diesen Zusammenhängen auseinandersetzt.

Am Beispiel der Zielsetzungen für problemorientierte und bildungsorientierte

12

Arbeit in sozialen und pädagogischen Arbeitsfeldern wird deutlich, daß die Ziele der Supervisanden, des Supervisors, der Klienten/Adressaten und der jeweiligen Institution häufig nicht übereinstimmen, sondern sich konträr erweisen:

Supervisand X hat für seine Arbeit die Vorstellung, daß die Klienten/Adressaten langfristig ihre Probleme selber lösen müssen und soziale Mißstände ursächlich angegangen und aufgehoben werden müssen;

Supervisand Y hat für seine Arbeit die Vorstellung, daß die sozialen Bedingungen in Ordnung sind, jedoch die Klienten/Adressaten mit diesen Umständen nicht zurecht kommen und somit ihre individuelle Situation in Orientierung an die bestehenden Verhältnisse verändern müssen;

Die struktursetzende Institution im Praxisfeld der Supervisanden äußert per Satzung die Vorstellung, daß ihre gesellschaftliche Aufgabe darin besteht, Menschen zu einem sinnerfüllten Leben innerhalb der bestehenden demokratischen Gesellschaft zu verhelfen;

Der Supervisor hat für seine Arbeit die Vorstellung, jedem Supervisanden bei der Entwicklung seiner Vorgehensweisen im Praxisfeld, soweit behilflich sein zu müssen, daß dieser erfolgreich und zufrieden ist in seinem beruflichen Handeln;

Die Klienten/Adressaten im Praxisfeld des Supervisanden haben überwiegend die Vorstellung, daß sich die Institution unter den Gesichtspunkten der gesetzlich festgelegten Versorgung um sie kümmern muß, aber nicht unter dem Gesichtspunkt der eigenen sozialen Entwicklung.

Die Einstellungen und Zielsetzungen haben sich innerhalb der vorhandenen gesellschaftlichen Bedingungen entwickelt. Sie sind nicht nur als Zielvorstellungen innerhalb des Praxisfeldes vorhanden, sondern wirken sich auf die konkrete Arbeit im Praxisfeld, z. B. als Werte und Normen aus.

Die gesellschaftliche Realität ist somit nicht nur als ein Kontext von Praxisfeldern, und der Situation in der Supervision zu verstehen, sondern als eine wirksame Dimension im beruflichen Handeln.

Für den Supervisor ist es über sein eigenes Funktionsverständnis hinaus erforderlich, daß er gesellschaftliche Bedingungszusammenhänge wahrnimmt und Auswirkungen auf die Praxisfelder seiner Supervisanden erkennt. Dies bedarf einer bewußten und präzisen Betrachtung von gesellschaftlichen Strukturen, die sich sowohl in konkreten Situationen, als auch in allgemeinen Verlautbarungen in der Öffentlichkeit entdecken lassen.

Die politischen, ideologischen und ökonomischen Tendenzen in der Gesellschaft stehen im Zusammenhang mit den sozialen und institutionellen Bedingungen in sozialen und pädagogischen Arbeitsfeldern.

Durch eine gründliche Analyse dieser Zusammenhänge und durch die ständige Überprüfung und Korrektur dieser Betrachtung wird sich der Supervisor das erforderliche Bedingungswissen für die gesellschaftliche Dimension seiner Arbeit aneignen müssen, wenn er nicht in kurzsichtiger oder illusionärer Weise auf diese Zusammenhänge eingehen will.

Eine Theorie-Diskussion über gesellschaftliche Perspektiven würde bestenfalls ein »politisches Image« für die Supervision einbringen. Ein »Verdrängen« der gesellschaftlichen Auswirkungen auf das Praxisfeld und das berufliche Handeln würde der institutionellen Realität nicht gerecht, in der sich der Supervisand befindet.

Im vorliegenden Handlungsmodell muß der Supervisor auf der Basis seines eigenen Selbst- und Handlungsverständnisses ansetzen.

Dabei ist er nicht neutral, sondern parteilich in seinem Standpunkt und in seiner Vorgehensweise. Er wird situativ entscheiden müssen, wieviel von seiner Einstellung und Zielsetzung in den Supervisionsprozeß einzubringen ist, damit sein Standpunkt erkennbar wird und wieviel er zurückhalten muß, damit die Reflektion der Supervisanden nicht unnötig und übermäßig durch seine Stellungnahme beeinflußt wird.

Der bewußte Umgang mit der eigenen Parteilichkeit beinhaltet u. a., daß sich der Supervisor mit Zielen der Supervisanden und der Institution identifizieren kann und dies entsprechend im Supervisionsprozeß zum Ausdruck kommt. Ebenso wird er bei vollkommen gegensätzlichen Zielen entscheiden müssen, ob er durch seine Arbeit innerhalb der Supervision entgegen seinen Vorstellungen Entwicklungen fördern will.

1.3 Institutionalisierung von Supervision

Um die Funktion von Supervision im Rahmen institutioneller Einbindung zu ermitteln, ist es erforderlich, daß der Supervisor sich mit den unterschiedlichen Formen der Institutionalisierung von Supervision befaßt.

Durch die Auseinandersetzung mit den unterschiedlichen Ansätzen wird für den Supervisor die eigene Einbindung in institutionelle Zusammenhänge und daraus ableitbare Abhängigkeiten und Unabhängigkeiten sichtbar. Erst das Erkennen solcher Zusammenhänge ermöglicht einen realistischen Blick bezüglich des eigenen Standpunktes und der damit verbundenen Möglichkeiten und Unmöglichkeiten. Für die Praxis des Supervisors kann dies bedeuten, daß »neuralgische« Punkte der eigenen institutionellen Einbindung innerhalb der Supervision handhabbar werden, z. B. durch die Thematisierung dieser Punkte oder durch Selbstkontrolle.

Supervision hat sich auf verschiedene Weise innerhalb von Organisationen, sowie von Aus-, Fort- und Weiterbildungsinstitutionen angesiedelt.

Ferner übernehmen Supervisoren, die in einer bestimmten Institution eingebunden sind, Supervisionsaufträge für andere Organisationen.

Eine Supervision außerhalb institutioneller Einbindung des Supervisors ist die Form einer freien Supervisionspraxis.

Nachfolgend werden bekannte Institutionalisierungsansätze vorgestellt.

Sie sind in der Praxis nicht in der dargestellten »klassischen« Form, sondern als Mischformen anzutreffen.

Die aufgelisteten Merkmale, die möglichen Vor- und Nachteile und die damit verbundenen Problemtendenzen bieten Kriterien für Supervisanden und Supervisoren, Supervisionsangebote zu prüfen und zu wählen.

Supervision in der »Linie«

Findet Supervision in fester Einbindung der Struktur einer Institution statt und ist der Supervisor ein Mitarbeiter in der Reihe von Vorgesetzten, Gleichgestellten und Untergebenen, so handelt es sich um Supervision in der »Linie«.

Der Supervisor nimmt vorrangig Aufgaben als Sachbearbeiter, Abteilungsleiter, Referent o. ä. wahr und führt nachgeordnet Supervision mit Mitarbeitern der gleichen Institution durch.

Merkmale:　　　　Der Supervisor ist in die Struktur der Institution eingebunden.

Der Supervisor übt erst an zweiter Stelle Supervisorentätigkeit aus.

Der Supervisor gibt Supervision für Mitarbeiter der gleichen Institution.

Der Supervisor ist eingebunden in die institutionsübliche Leitungs-, Entscheidungs- und Weisungslinie.

Weitere Merkmale:

Mögliche Vorteile:　　Der Supervisor ist direkt betroffen durch die Abläufe innerhalb der Institution (»hautnahes Erleben«).

Der Supervisor hat Einblick und Kenntnis bezüglich der Komplexität und der Zusammenhänge seiner Institution.

Der Supervisor ist vertraut mit den Problemen und Schwierigkeiten der Mitarbeiter seiner Institution.

Der Supervisor ist den Mitarbeitern häufig durch Kontakt und Zusammenarbeit bekannt (»Ist das der richtige Mann/die richtige Frau für mein Beratungsanliegen?«).

Weitere Vorteile:

16

Mögliche Nachteile: Der Supervisor ist durch direkte Betroffenheit emotional besetzt und befangen.

Der Supervisor ist durch zu hohe Identifikation mit seiner Institution blind für neuralgische Stellen innerhalb seiner Institution.

Der Supervisor steht durch unpräzise Differenzierung zwischen seinen Rollen (Vorgesetzter und Berater) in der Gefahr, sowohl tadelnde als auch lobende Anteile in die Beratung einfließen zu lassen, was nicht zu seiner Funktion als Supervisor gehört.

Der Supervisor ist den Mitarbeitern und die Mitarbeiter sind dem Supervisor gegenüber emotional besetzt und befangen (Sympathie, Antipathie, Konfliktpartner).

Der Supervisor kann u. U. einen Supervisionsauftrag der Institution nicht ablehnen.

Der Supervisor hat für die Mitarbeiter keine Alternative, weil diese sich u. U. nur auf eigene Kosten einen Supervisor außerhalb der Institution auswählen können.

Weitere Nachteile:

Problemtendenzen: Die Wirksamkeit von Supervision wird durch die Institution überprüft und am Supervisor festgemacht (Superstar, Sündenbock).

Die Kriterien der Effizienzüberprüfung der Supervision sind von Seiten der Institution und von Seiten der Supervisionsbeteiligten u. U. gegensätzlich.

Interrollenkonflikte des Supervisors (Doppeltes Mandat innerhalb der Institution) sind möglich.

Weitere Problemtendenzen:

Der Supervisor in der »Stabsfunktion«

Hat eine Institution für den eigenen Supervisionsbedarf einen Supervisor angestellt und ist der Supervisor nicht in der üblichen Mitarbeiterlinie, sondern als »Experte« außerhalb der Linie angesiedelt, so handelt es sich um Supervision aus der »Stabsfunktion« heraus.

Der Supervisor führt ausschließlich Supervision mit den Mitarbeitern der gleichen Organisation durch. In der Regel ist er nur einem leitenden Mitarbeiter aus der Linie oder einem Gremium der Institution zugeordnet und diesem weisungsgebunden.

Größere Verbände und Einrichtungen haben bereits einen Supervisor in dieser strukturellen Einbindung verfügbar.

Merkmale: Der Supervisor ist in die Struktur der Institution eingebunden.

Der Supervisor deckt den Supervisionsbedarf der eigenen Institution ab und ist ausschließlich für Supervision zuständig.

Der Supervisor übt seine Supervisorentätigkeit für Mitarbeiter aus der eigenen Institution aus.

Der Supervisor ist in der Regel nur einem leitenden Mitarbeiter aus der Linie »Rechenschaft« schuldig.

Weitere Merkmale:

Mögliche Vorteile: Der Supervisor ist zwar direkt betroffen durch Abläufe innerhalb der eigenen Institution, jedoch befindet er sich durch seinen »Expertenstatus« in einer gewissen Distanz zur Institution.

Der Supervisor hat die Möglichkeit der Einblick- und Kenntnisnahme bezüglich der Komplexität und der Zusammenhänge seiner Institution.

Der Supervisor hat durch seine Nähe zur Institution die Möglichkeit, sich mit den berufsspezifischen Problemen und Schwierigkeiten der Mitarbeiter seiner Institution vertraut zu machen und institutionelle Ursachen zu erkennen.

Der Supervisor hat die Möglichkeit, sich den Mitarbeitern der Institution mit seinem Konzept und seiner Person bekannt zu machen (»Ist das der richtige Mann / die richtige Frau für mein Beratungsanliegen?«).

Weitere Vorteile:

Mögliche Nachteile: Der Supervisor ist durch zu hohe Identifikation mit seiner Institution blind für neuralgische und problemauslösende Stellen innerhalb der Institution.

Der Supervisor im Stab hat je nach Definition und Selbsterleben innerhalb seiner Institution die gleichen Nachteile wie ein Supervisor in der Linie.

Der Supervisor wird von der Institution als »Problemlöser« auf Mitarbeiter angesetzt und auf diese Rolle festgeschrieben.

Der Supervisor wird von den Mitarbeitern der Institution als »Problemlöser« geschätzt oder gefürchtet.

Weitere Nachteile:

Problemtendenzen: Die Wirksamkeit von Supervision wird durch die Institution überprüft und am Supervisor festgemacht (»Institutionstherapeut«).

Die Kriterien der Effizienzüberprüfung der Supervision sind von Seiten der Institution und von Seiten der Supervisionsbeteiligten u. U. gegensätzlich.

Der Supervisor ist zwar Angestellter der Institution, hat aber aus der Sicht der anderen Mitarbeiter einen Sonderstatus (z. B. »Der Supervisor hat gut reden, denn er ist nicht betroffen von dem zusätzlichen Arbeitspensum, was zur Zeit in der Institution anfällt«).

Mißtrauen gegenüber dem Supervisor durch die Mitarbeiter (»Was macht der mit den Informationen, die wir in der Supervision von uns geben?«).

Intrarollenkonflikte des Supervisors (Unterschiedliche Erwartungen an die Supervisorenrolle durch die Institution und durch Mitarbeiter) sind möglich.

Weitere Problemtendenzen:

Ausbildungsbezogene Supervision

Ist Supervision ein integrierter Bestandteil einer Aus-, Fort- oder Weiterbildung, so handelt es sich um eine ausbildungsbezogene Supervision.

Dieser Ansatz von Supervision wird in Aus-, Fort- oder Weiterbildungsgängen an Fach- und Fachhochschulen für soziale Berufe und an Fortbildungsakademien praktiziert.

Dozenten und Referenten solcher Institutionen, die in Ausbildungsgängen auch als Supervisoren tätig sind, befinden sich in der Linie der Mitarbeiter.

Vertragssupervisoren dieser Ausbildungsinstitutionen befinden sich im Supervisorenstab und können analog als Supervisoren in der Stabsfunktion gesehen werden.

Die Merkmale, die möglichen Vor- und Nachteile und die Problemtendenzen der Supervision in der Linie und aus der Stabsfunktion heraus, lassen sich auf die ausbildungsbezogene Supervision weitgehend übertragen. Besondere Merkmale ergeben sich jedoch aus der Aufgabe des Supervisors, die Entwicklung des Supervisanden und das Ergebnis der Supervision zu beurteilen und zu bescheinigen.

Merkmale:

Der Supervisor ist absolut eingebunden in den Ausbildungsgang der jeweiligen Aus-, Fort- und Weiterbildungsinstitution.

Der Supervisor ist durch seine »Beurteilungs- und Bescheinigungsfunktion« ursächlich an Konsequenzen für den jeweiligen Teilnehmer beteiligt.

Der Supervisor ist gebunden (per Vertrag) an die Richtlinien und Beurteilungskriterien der Ausbildungsinstitution für den jeweiligen Ausbildungsgang (»Gesinnungskontrolle«).

Weitere Merkmale:

Mögliche Vorteile:

Der Supervisor hat ständig Anteil an der Diskussion und Auseinandersetzung bezüglich der Supervisionskonzepte (sofern vorhanden) und dem Ausbildungszusammenhang,

Der Supervisor ist herausgefordert durch den Zusammenhang von »Ausbildungsziel« und »Zeitpunkt der Erreichung«.

Weitere Vorteile:

Mögliche Nachteile: Der Supervisor steht unter »Leistungsdruck« und »Kontrolle«, da er die Ziele der Ausbildung als durch den Supervisanden erreicht in schriftlicher Form bescheinigen muß (Zielbindung).

Der Supervisor und der Supervisand haben »verschärft« mit der Wirksamkeit von Abhängigkeit und Macht zu tun.

Der Supervisor muß sich während des Supervisionsverlaufes primär an die Ausbildungsinhalte orientieren und kann sich erst sekundär auf praxisrelevante Probleme im beruflichen Handeln des Supervisanden konzentrieren.

Der Supervisor hat es bei der Darstellung des Supervisanden bereits mit selektiertem Praxismaterial des Supervisanden zu tun, ausgewählt nach Ausbildungszielen und Praxisaufgaben.

Weitere Nachteile:

Problemtendenzen: Es besteht die Gefahr von Anpassungsverhalten durch den Supervisanden (»Arbeiten für den Schein«).

Es besteht die Gefahr zu starken Eingehens durch den Supervisor auf die durch die Ausbildungsinstitution vorgegebenen Ziele.

Es besteht die Gefahr der Übergewichtigkeit (durch Supervisand und Supervisor) der Ausbildungsziele gegenüber notwendiger Bearbeitungsanteile im beruflichen Handeln des Supervisanden.

Weitere Problemtendenzen:

21

Supervisoren im Austausch zwischen Organisationen

Supervisoren, die in einer Institution in der Mitarbeiterlinie oder in der Stabsfunktion angesiedelt sind, können Supervision für eine andere Institution durchführen.

In der Praxis ist dieses Verfahren als »Austauschverfahren« bekannt. Es bezieht sich auf mindestens zwei oder auf mehrere Organisationen. Es kann auf offizielle Absprachen zwischen den Institutionen beruhen oder auf Absprachen der Supervisoren untereinander begründet sein.

Der Supervisor aus der Organisation A führt innerhalb eines bestimmten Zeitraumes Supervisionen mit Supervisanden aus der Organisation B durch und umgekehrt führt der Supervisor aus der Organisation B Supervisionen mit Supervisanden aus der Organisation A im gleichen Zeitraum und Umfang durch.

Merkmale:
Der Supervisor ist in der Struktur seiner Institution eingebunden und ist in der Struktur der Institution des Supervisanden nicht eingebunden.

Der Supervisor befindet sich gegenüber dem Supervisanden aus der anderen Institution ausschließlich in der Rolle des Supervisors.

Der Supervisor befindet sich nicht in einer Leitungs-, Entscheidungs- und Weisungsbeziehung zum Supervisanden.

Der Supervisor ist »Außenstehender« mit »Institutionskenntnissen«.

Weitere Merkmale:

Mögliche Vorteile:
Der Supervisor hat Einblick und Kenntnis bezüglich der Komplexität und der Zusammenhänge seiner Institution und bringt dies als Bedingungswissen in die Supervision ein.

Der Supervisor ist vertraut mit Problemen und Schwierigkeiten von Mitarbeitern in Organisationen, ist aber gegenüber den Problemen und Schwierigkeiten des Supervisanden in Distanz und weitgehend unbefangen.

Der Supervisor kann sich aufgrund seiner Position in der eigenen Institution in ähnliche Rollen der Institution des Supervisanden gut einfühlen und dadurch »realistische« Auseinandersetzungssituationen innerhalb der Supervision herstellen.

Der Supervisor aus der Organisation A stellt für Supervisanden aus der Organisation B eine mögliche Alternative dar.

Weitere Vorteile:

**Mögliche
Nachteile**

Der Supervisor hat, je nach Umfang und Intensität von Identifikationen mit der Organisation des Supervisanden, »blinde Flecken« im Blick auf neuralgische und problemauslösende Stellen.

Der Supervisor hat, je nach Aktualisierung seiner institutionellen Position im Verlauf des Supervisionsprozesses, ähnliche Nachteile wie ein Supervisor in der Linie oder in der Stabsfunktion.

Der Supervisor ist Repräsentant seiner Organisation für den Supervisanden aus der anderen Institution.

Der Supervisor läuft Gefahr, seine Organisation mit der Organisation des Supervisanden zu vergleichen (bei uns ist das so, wie macht ihr das denn?)

Weitere Nachteile:

Problemtendenzen:

Die Wirksamkeit des Supervisors in der eigenen Organisation wird mit seiner Wirksamkeit in der anderen Organisation des Supervisanden verglichen (»wie gut der in der anderen Organisation ankommt, bei uns schafft er diese Wirksamkeit nie!«).

Der Supervisor ist in Supervisionen innerhalb der eigenen Organisation »konservativ« und in Supervisionen für Supervisanden anderer Organisationen »progressiv« oder umgekehrt.

Konflikte können zwischen den Institutionen auftreten, wenn sich Differenzen in der »Qualität und Quantität« der Supervisionen abzeichnen.

Weitere Problemtendenzen:

Supervision in freier Praxis

Findet Supervision außerhalb und ohne Einfluß struktureller Einbindung einer Institution statt und ist der Supervisor überwiegend freischaffend als Supervisor tätig, so handelt es sich um Supervision in freier Praxis. Supervision in diesem Freiraum ist durch die institutionellen Abläufe in den Praxisfeldern der Supervisanden nicht direkt beeinflußt. Der Supervisor befindet sich nicht in struktureller Einbindung eines Praxisfeldes und einer Institution.

Diese Form der institutionsunabhängigen Supervision wird zur Zeit nur vereinzelt praktiziert. Häufiger ist eine andere Form freier Supervisorentätigkeit anzutreffen: Ein Mitarbeiter mit Supervisorenausbildung arbeitet innerhalb eines Praxisfeldes und einer Institution. Innerhalb dieser Einbindung ist er als Supervisor tätig oder nicht. Über seine Tätigkeit im Rahmen dieser Einbindung hinaus arbeitet er unabhängig als Supervisor in freier Praxis. Der Umfang dieser Tätigkeit ist natürlich begrenzt.

Merkmale: Der Supervisor ist nicht in die Struktur einer Institution eingebunden.

Der Supervisor ist überwiegend als Supervisor in freier Praxis tätig.

Der Supervisor ist in seiner Supervisorentätigkeit nicht gebunden an Weisungen durch eine Institution.

Der Supervisor muß (in der Regel) sein Supervisionskonzept verdeutlichen und anbieten (Angebot und Nachfrage auf dem »freien Markt«).

Weitere Merkmale:

**Mögliche
Vorteile:** Der Supervisor befindet sich nicht in einer Leitungs-, Entscheidungs- und Weisungsbeziehung zum Supervisanden.

Der Supervisor wird nicht mit den Zielen, Interessen und Strategien einer Institution in einen direkten Zusammenhang gebracht.

Der Supervisor bildet mit seiner Supervisionspraxis für den Supervisanden aus der Institution einen Freiraum.

 Der Supervisor vereinbart (in der Regel) mit den Supervisanden einen Kontrakt, der bezüglich der Ziele, Lerninhalte und Vorgehensweise keiner direkten Kontrolle einer Institution zugänglich ist.

Weitere Vorteile:

Mögliche
Nachteile:

Der Supervisor gerät in eine zu große Distanz zu der Wirklichkeit institutioneller Abläufe.

Der Supervisor ist nur dann frei in seiner Praxis, wenn er mit Supervisanden Kontrakte vereinbart, die ausschließlich auf eigenen Wunsch und auf »eigene Rechnung« zu ihm kommen.

Der Supervisor ist nur scheinbar frei, wenn er Vertragssupervisionen für Aus-, Fort- und Weiterbildungsinstitutionen oder für andere Organisationen durchführt.

Der Supervisor muß sich einen »Supervisandenmarkt« erschließen und muß sich u. U. als »guter und erfolgreicher Supervisor« anbieten.

Weitere Nachteile:

Problemtendenzen:

Die Supervision wird institutionsfern im Blick auf die institutionelle Einbindung der Supervisanden.

Der Supervisor steht unter Erfolgszwang im Blick auf die Supervisanden, denn sie bilden seine »wirtschaftliche Grundlage«.

Der Supervisor »schwebt« in seinem Beratungsfreiraum und arbeitet an der strukturellen Realität der Supervisanden in ihren Praxisfeldern vorbei.

Der Supervisor hat in der Supervision die gleichen Problemtendenzen wie Supervision in der Linie, in der Stabsfunktion oder im ausbildungsbezogenen Ansatz, sobald er als Vertragssupervisor für eine Institution tätig wird.

Weitere Problemtendenzen:

1.4. Beeinflussung der Supervision durch institutionelle Einbindung

Die Art und Weise der Einbindung von Supervision in Praxisfelder und Institutionen bestimmt weitgehend auch die Funktion, die Supervision für das Praxisfeld und die Institution erfüllen soll. Die dargestellten Ansätze von Supervision innerhalb und außerhalb institutioneller Einbindungen beinhalten jeweils ein unterschiedliches Maß an Abhängigkeit von Institutionen.

Je stärker die Einbindung von Supervision in die Institution ist, desto größer ist die Gefahr der Beeinflussung durch die Institution.

Ein angestellter Supervisor wird die satzungsgemäßen Ziele und die gültigen Werte und Normen verbindlich und verpflichtend vertreten müssen. Dies wird ausgesprochen oder unausgesprochen von seiner Institution verlangt und erwartet. Dabei ist es unwesentlich, ob er sie für sich akzeptieren kann oder nicht. In starker institutioneller Einbindung wird die Erfüllung dieses Anspruches direkt und formal kontrolliert, z. B. Tag, Ort, Zeitumfang, Anzahl der Supervisanden, Berichte über den Supervisionsverlauf, Haushaltsvolumen für Supervision, Statistik und andere Kriterien.

Indirekt und informell wird Supervision überprüft durch Befragen der Supervisanden und des Supervisors, durch die Bewertung der Arbeitsleistung der Supervisanden und an der kritischen oder unkritischen Einstellung der Supervisanden und/oder des Supervisors gegenüber der Institution und ihren vorrangigen Repräsentanten.

Supervision kann sich letztlich diesen Einflüssen nicht entziehen, was auch nicht beabsichtigt ist. Jedoch muß ständig überprüft werden, ob die Supervision in diesem Praxisfeld und in dieser Institution Funktionen übernehmen soll, die nicht mehr in der Zielsetzung von Supervision liegen.

Es ist erforderlich, daß der Supervisor für Ansprüche aus dem Praxisfeld und der Institution sensibel ist und vor allem auch eigene Identifikationen mit den Zielen, Werten und Normen der Instituion wahrnimmt und aufdeckt.

Der Supervisor wird darauf achten müssen, welche Ansprüche an ihn gerichtet sind und welche Funktionen der Supervision zugeschrieben werden:

- □ Integrationshilfe für persönliche und berufliche Faktoren
- □ »Psychohygiene« für Mitarbeiter
- □ Verbesserung der Arbeitseffiziens
- □ Verbesserung der Kommunikation und Kooperation innerhalb der Institution
- □ »Institutionsklimaanlage«
- □ Klön- und Meckerecke
- □ »Problemfeuerwehr«
- □ »Qualifikationsüberprüfung und Karriereaufbau für Mitarbeiter«
- □ »Umsetzungshilfe« für Institutionsziele
- □ »Umsetzungshilfe« für Ausbildungsziele und Ausbildungsinhalte

Weitere Funktionen:

Die Ziele, die Supervision erreichen soll, sind nicht nur bestimmt durch Ansprüche seitens der Institution und der Mitarbeiter im Praxisfeld, sondern werden ebenso durch den institutionsgebundenen Supervisor beeinflußt. Seine Identifikation mit der Institution und die in seiner Person und Situation begründeten Abhängigkeiten sind ausschlaggebende Faktoren.

Abhängigkeiten können sich in folgenden »Typisierungen« darstellen:

- [ ] »Gewissen« der Institution
- [ ] »Erfüllungsgehilfe« für Ansprüche der Institution
- [ ] »Vermittler« zwischen den Instanzen und Ebenen
- [ ] »Harmonisierer« in Institutionskonflikten
- [ ] »Nörgler« an Institutionsabläufen
- [ ] »Veränderer« an Institutionszusammenhängen
- [ ] »Unterwanderer« von Institutionszielen
- [ ] »Ablehner« der Institution
- [ ] »Kritiker« im Blick auf . . . .?
- [ ] »Helfer« für Versager
- [ ] »Scharfmacher« in Konflikten
- [ ] »Hebamme« für Karriere

Weitere Typisierungen:

Die pointierte Darstellung der Institutionsansprüche und der Supervisorentypisierung soll einen bestimmten Grad an Beeinflussung durch die Institution und Abhängigkeit von der Institution verdeutlichen.

Es wäre irrational anzunehmen, daß es eine nichtbeeinflußte Supervision innerhalb von und für Institutionen gebe. Auch die Supervision in »freier Praxis« kann sich institutionellen Einflüssen nicht ganz entziehen.

Es ist wichtig, daß der Supervisor für sich überprüft, wieviel Abhängigkeit er für seine beratende Tätigkeit zulassen kann und will. Er wird prüfen müssen, welchen Einfluß seine Institution hinsichtlich seiner Beratungstätigkeit beabsichtigt und tatsächlich ausübt.

Dies setzt voraus, daß der Supervisor in selbstkritischer Betrachtung hinterfragt, welche Anteile der Institution er annehmen kann und welche Anteile der Institution er ablehnen muß.

Er muß sich entscheiden, in welcher institutionellen Einbindung er eine Möglichkeit für Supervision sieht.

Der jeweilige Beratungsfreiraum des Supervisors ist nicht ausschließlich abhängig vom Institutionalisierungsansatz der Supervision, sondern er wird von einem mehr oder weniger gelungenen Balanceakt zwischen Institution und Identifikation bestimmt.

Um nicht in eine Illusion von »Freiräumen« zu verfallen, ist eine wirklichkeitsorientierte Wahrnehmung und kompromißlose Überprüfung des Bedingungszusammenhanges, in dem sich der Supervisor befindet, unabdingbar.

Dadurch wird aufgedeckt, daß es in der Supervision keine Neutralität geben kann, es sei denn, institutionelle Gegebenheiten werden nicht berücksichtigt. Werden Gegebenheiten jedoch akzeptiert, so wird dem Abschweifen in ideologische Unterwanderung und politische Agitation entgegengesteuert.

Auf der Basis realistischer Auseinandersetzung mit sich als Person und seiner institutionellen Einbindung als Supervisor ist berufliches Handeln im Blick auf die Entwicklung von Lösungsstrategien und deren Einbindung in gesellschaftliche Perspektiven möglich.

Diese Auseinandersetzung ist im vorliegenden Handlungsmodell unaufgebbarer Bestandteil der Beratungskompetenz des Supervisors, wenn ihm ein situationsbezogenes Eingehen auf die institutionelle Wirklichkeit seiner Supervisanden und der daraus resultierenden »Problem- und Konfliktlandschaft« gelingen soll.

Auf diesem Hintergrund und in dieser Orientierung geht Supervision nicht an der Realität von Institution und Gesellschaft vorbei.

1.5. Rollen, Macht und Abhängigkeit

Durch die institutionelle Einbindung der Supervision werden Faktoren gesetzt für den Rahmen, in dem Supervision stattfindet. Die Auswirkungen von Rahmenbedingungen zeigen sich innerhalb der Supervision u. a. im Umgang mit Rollen, Macht und Abhängigkeit.

Zwischen der Rolle des Supervisors und der Rolle des Supervisanden ist ein Gefälle vorhanden. Daraus ergeben sich unterschiedliche Beeinflussungsmöglichkeiten.

Dieses in der Supervision vorhandene Gefälle ist bedingt durch:

> die jeweilige Einbindung
> in die Institution

> die Erwartungshaltungen
> der Supervisanden

> die Rollendefinition
> des jeweiligen Supervisors

Faktoren, die das Gefälle bestimmen und von der jeweiligen institutionellen Einbindung der Supervision ableitbar sind:

Der durch die Institution festgeschriebene Status des Supervisors ist in der Regel höher als der des Supervisanden. Dabei ist zu unterscheiden zwischen zugeschriebenem und erlebtem Status, der das Gefälle in der Supervision verursacht. Die Problematik ist darin zu sehen, daß die daraus resultierende Macht als gegeben hingenommen wird und innerhalb der Supervision oftmals auch nicht hinterfragt, sondern unaufgedeckt agiert wird.

Gesellschaftlich vorfindbare Rollen bilden auch weitgehend die Grundlage für Organisationsstrukturen. Die Rollen stehen in einem Gefälle zueinander, z. B.:

> Arbeitgeber — Arbeitnehmer
> Vorgesetzter — Untergebener
> Ausbilder — Auszubildender
> Informierter — Nichtinformierter
> Geldnehmer — Geldgeber

In der Supervision ist dieses Gefälle durch die Rollenzuschreibungen

> Supervisor — Supervisand
> (Berater) — (Beratungssuchender)

in der gleichen Dialektik vorhanden. Dies läßt sich auch durch Diskussionen nicht aufheben. Im hier beschriebenen Handlungsmodell kommt es bezüglich der Rollenzuordnung und der damit beinhalteten Macht und Abhängigkeit auf eine situationsbezogene und erlebbare Handhabung des Gefälles an. Dadurch wird das Gefälle innerhalb der Supervision nicht aufgehoben, aber ein veränderter Umgang für die Supervisionsbeteiligten möglich, der sich auf das berufliche Handeln des Supervisanden in seinem Praxisfeld und seiner institutionellen Einbindung auswirken kann.

Faktoren, die das Gefälle bestimmen und von den Erwartungshaltungen der Supervisanden ableitbar sind:

Kommen die Supervisanden aus der problemlösungsorientierten Arbeit, dann definieren sie sich häufig, analog ihrer Klienten, ausgesprochener oder unausgesprochener Maßen, als »Hilfesuchende«.

Kommen die Supervisanden aus der bildungsorientierten Arbeit, dann definieren sie sich häufig, analog ihrer Adressaten, ausgesprochener oder unausgesprochener Maßen, als »Informationsbedürftige«.

Schwerpunkt beider Erwartungshaltungen ist das Erleben von Defiziten als Motivation für Supervision. Dieses Selbstverständnis der Supervisanden fördert geradezu eine überwertige Erwartungshaltung, eine Prestige- und Machtzuschreibung an den Supervisor und eine »Mystifizierung« des Supervisionsprozesses.

Diese Art von Erwartungshaltungen entsteht auf der Basis von Wunschvorstellungen, verzerrtem Informationsaustausch und Veröffentlichungen über Supervision.

Erwartungshaltungen von Supervisanden können vor allem dann mit »Nachdruck« das Gefälle in der Supervision bestimmen, wenn sie diese selbst finanzieren müssen.

Dadurch wird der Supervisor stark festgelegt auf eine qualitative Leistung, die sich in »guten Ergebnissen« für die Problemlösungen des Supervisanden erweisen muß.

Schwerpunkt dieser Erwartungshaltungen ist das »Abverlangen« positiver Ergebnisse.

Die Erwartungshaltungen von Supervisanden können besonders belastet sein, wenn die Teilnahme an der Supervision nicht freiwillig ist und darüber hinaus vom Supervisanden bezahlt werden muß. Dies ergibt sich in ausbildungsbezogenen Supervisionen und in vom Arbeitgeber verlangter Teilnahme. Macht und Abhängigkeit werden verschärft, wenn außerdem der Supervisor »verordnet« wird.

Schwerpunkt dieser Erwartungshaltungen ist das Erleben von »Ausgeliefertsein« und der Abhängigkeit von Beurteilungen.

In diesem Gefälle steckt ein Konfliktpotential, welches einen hohen Zeit- und Energieaufwand im Supervisionsprozeß erfordert.

Faktoren, die das Gefälle bestimmen und von der Rollendefinition des jeweiligen Supervisors ableitbar sind:

Aus der jeweiligen Institutionalisierung der Supervision und aus den Erwartungshaltungen der Supervisanden ergeben sich Rollenzuschreibungen für den Supervisor. Er muß seine Problemanfälligkeit bezüglich solcher Rollenzuschreibungen kennen.

Geht der Supervisor mit seinen Persönlichkeitsstärken und -schwächen, seinen Fachkenntnissen und Praxiserfahrungen unreflektiert auf die Rollenzuschreibungen ein, so verfestigt sich das aus den an ihn gerichteten Erwartungshaltungen resultierende Gefälle.

Definiert sich beispielsweise der Supervisand als schwach und hilfebedürftig und der Supervisor demgegenüber stark und hilfegebend, so entsteht ein überdimensionales Macht- und Abhängigkeitsgefälle.

Versteht sich der Supervisor in seiner Rolle innerhalb der Supervision grundsätzlich als »gleichwertiger und gleichrangiger Partner« zum Supervisanden, so entsteht eine Situation, in der ein Gefälle »augenscheinlich« nicht vorhanden ist. Diese Rolle gibt dem Supervisor nur sehr begrenzte Möglichkeiten zur Herausforderung für Reflektions- und Umstrukturierungsprozesse.

Läßt sich der Supervisor innerhalb der Supervision auf einen durch die Institution festgeschriebenen Status in unreflektierter Weise ein, so verengt sich dadurch sein Handlungsspielraum für Lernprozesse im Bereich Rolle, Macht und Abhängigkeit.

Durch grundsätzliche und jeweils situative Reflektion seiner Rolle und der Rollenzuschreibungen ist ein kontrollierter Umgang im Gefälle der Supervisionsbeziehung und der damit verbundenen Macht- und Abhängigkeitsanteile gegeben. So wird Beeinflussung weitgehend überprüfbar und Gefälle als »methodischer Ansatz« für die Arbeitsbeziehung in der Supervision akzeptierbar.

1.6. Der realitätsbezogene Ansatz

Supervision setzt am subjektiven Erleben und Handeln des Supervisanden an. Sein berufliches Handeln in der Struktur seines Praxisfeldes und die vom Supervisanden bewußt oder unbewußt übernommenen Funktionen innerhalb seiner Institution werden im Supervisionsprozeß über dargestelltes Praxismaterial konkret hinterfragbar.

In dem subjektiven Erleben und Handeln des Supervisanden sind Einflüsse der Institution erkennbar. Auseinandersetzungen mit den Strukturen des Praxisfeldes finden nicht in theoretisch-abstrakter Form statt, sondern sind in den Interaktionen zwischen dem Supervisanden und seiner Interaktionspartner zu beobachten und wahrzunehmen. Ebenso ist der Supervisand selbst Strukturträger seiner Institution und übernimmt Funktionen innerhalb seines Praxisfeldes.

Von der Subjektivität des Supervisanden ausgehend werden die institutionellen Einflüsse und Abhängigkeiten im Praxisfeld reflektiert und Veränderungsprozesse in Gang gesetzt.

Die »Parteilichkeit und Neutralität« des Supervisanden, seine Identifikation mit der Institution, seine Kritik bzw. Nicht-Kritik und seine ihm eigenen Wert-, Norm- und Zielvorstellungen werden im Kontext der institutionellen Zusammenhänge und Einflüsse bearbeitet.

Daraus ist noch keine gesellschaftliche Zielsetzung ableitbar und auch nicht beabsichtigt.

Im hier vertretenen Handlungsmodell für Supervision wird pragmatisch von der strukturellen Wirklichkeit und ihrer Einwirkung auf das berufliche Handeln des Supervisanden ausgegangen.

Es soll nicht bestritten werden, daß die allgemeine gesellschaftliche Wirklichkeit auf die Strukturen im Praxisfeld und damit auf das berufliche Handeln des Supervisanden Auswirkungen hat. Die Zielsetzung der Supervision ist jedoch auf den Supervisanden und sein berufliches Handeln in dem strukturell-funktionalen Bereich seines Praxisfeldes ausgerichtet.

Es wird deshalb unterschieden zwischen der strukturell-funktionalen Ebene und der gesellschaftlichen Ebene. Die beiden Ebenen haben miteinander zu tun und stehen in einem interdependenten Verhältnis zueinander. Probleme und Zielvorstellungen auf der einen Ebene haben einen Bezug zu Problemen und Zielvorstellungen auf der anderen Ebene.

Zielvorstellungen auf der gesellschaftlichen Ebene, wie z. B. Emanzipation, Autonomie und Chancengleichheit für den Menschen, sind ebenfalls auf der strukturell-funktionalen Ebene im Praxisfeld des Supervisanden vorhanden. Auf der letzteren Ebene sind diese Ziele jedoch auf jeden Fall in »kleinerer Münze« auf der Basis beruflicher Beziehungen und ihrer konkreten Veränderungen zu sehen. Damit deutet sich an, daß bei gleichgerichteten Zielen auf den unterschiedlichen Ebenen unterschiedliche Vorgehensweisen im Blick auf die Reflektion und Realisierung solcher Ziele erforderlich sind.

Für Veränderungen auf der gesellschaftlichen Ebene ist Supervision in diesem Handlungsmodell nicht ausgestattet und auch in der direkten Zielrichtung nicht angelegt.

Die Zielrichtung dieses Handlungsmodelles für Supervision ist auf die strukturell-funktionalen Zusammenhänge im Praxisfeld des Supervisanden gerichtet. Die Vorgehensweise entspricht deshalb den personellen und interaktionellen Auseinandersetzungen im Hinblick auf das berufliche Handeln.

Dabei sind Einstellungen und Vorstellungen, die Supervisand und Supervisor auf der gesellschaftlichen Ebene für sich haben, durchaus wirksam und ableitbar und werden, soweit sie sich an der konkreten Auseinandersetzung im Praxisfeld und in der Supervision festmachen, in der Supervisionsarbeit berücksichtigt. Dabei ist eine politische Perspektive auf der gesellschaftlichen Ebene durchaus eingeschlossen, die sich beispielsweise unter die Begrifflichkeit »Emanzipation« fassen läßt, die aber als politische Dimension innerhalb der Supervision nicht handhabbar ist.

Innerhalb der Supervision geht es um die konkreten Einbindungen des Supervisanden in sein Praxisfeld und die strukturell-funktionalen Einflüsse auf sein berufliches Handeln. Dabei wird berücksichtigt, daß seine Kritikfähigkeit und -unfähigkeit nicht ausschließlich durch die Institution bestimmt wird, sondern gerade auch durch die Bedingungsfaktoren seiner Person.

Die wechselseitige Beeinflussung zwischen der Person des Supervisanden und den institutionellen Bedingungen im Praxisfeld ist weitgehend zu beobachten, wahrzunehmen und zu reflektieren

☐ im Umgang mit der eigenen Persönlichkeit in beruflichen Beziehungen
☐ in seinem Erleben und Handeln in beruflichen Interaktionen
☐ in der Arbeitsbeziehung innerhalb der Supervision

und stellt sich als Problem- und Konfliktsituation oder »Harmonisierung« im beruflichen Handeln des Supervisanden und innerhalb der Supervision dar.

Durch die Aufdeckung solcher Zusammenhänge wird die »realistische Betrachtung« der eigenen strukturell-funktionalen Abhängigkeit ermöglicht. Veränderungsabsichten und Lernziele können für konkrete Situationen vom Supervisanden entwickelt werden. Diesen Anforderungen muß Supervision bezüglich der Inhalte und Vorgehensweisen entsprechen.

Die Verständigung über den grundsätzlichen Ansatz der Supervision ist bedeutsam für die an sie gerichteten inhaltlichen und methodischen Erwartungen. Für das nachfolgend entfaltete Handlungsmodell gehört diese Verständigung zu den wesentlichen Voraussetzungen, unter denen Supervision stattfindet.

2. Das Handlungsmodell und die grundlegende Systematik

Zunächst soll eine Kurzfassung des Handlungsmodells für Supervision gegeben werden, damit die einzelnen Konzeptteile in ihrer Abfolge und Bezogenheit überschaubar sind.

Als **Gegenstand** der Supervision wird die Person des Supervisanden in ihrem beruflichen Handeln im Praxisfeld bezeichnet. Im engeren Sinne wird das **berufliche Handeln** als der Gegenstand definiert. Der Gegenstand bleibt im gesamten Supervisionsverlauf derselbe, die Handhabung verändert sich jedoch und ist dem Reflektions- und Veränderungsstand und den jeweiligen Phasenschwerpunkten angemessen.

Der Zugang zum Gegenstand der Supervision wird über die **subjektive Darstellung** des beruflichen Handelns durch den jeweiligen Supervisanden innerhalb der Supervisionsituation gewonnen.

Der jeweils darstellende Supervisand ist in der Supervision als **Person** anwesend und ansprechbar, er ist also **unmittelbar** vorhanden. Das **Praxisfeld,** in dem dieses Handeln erfolgt, ist innerhalb der Supervision durch den Supervisanden vermittelt, also **mittelbar** vorhanden.

Das berufliche Handeln wird einerseits durch die Person des Supervisanden, andererseits durch Bedingungen im Praxisfeld, die von Menschen und Institutionen ausgehen, beeinflußt und gestaltet.

Um das berufliche Handeln einer systematischen Reflektion und Veränderungsarbeit zugänglich zu machen, wurde für das vorliegende Handlungsmodell ein dreiteiliges **Bedingungskonstrukt** entwickelt und zugrunde gelegt.

Die **Person** des Supervisanden ist der subjektive Ausgangs- und Bezugspunkt für die zwischenmenschlichen Beziehungen im Praxisfeld. Sie agiert und reagiert auf dem Hintergrund ihrer persönlichen und intrapsychischen Verarbeitungen. Ihre persönliche Lebensgeschichte, Biografie und Sozialisation hat sie geprägt und hat Auswirkungen auf ihr Erleben und Handeln.

Das **Praxisfeld** des Supervisanden ist ein Bereich, in dem Bedingungen für den Supervisanden wirksam werden. Bedingungen sind in den zwischenmenschlichen Beziehungen innerhalb des Praxisfeldes zu finden. Sie können als Erwartungen, Forderungen und Wünsche, die an den Supervisanden gerichtet sind, zusammengefaßt werden. Bedingungen sind ebenso in den formellen und informellen Anforderungen durch die Institution zu finden, auch dann, wenn sie nicht an konkreten Menschen festgemacht werden können (z. B. Dienstauftrag und Dienstanweisung), sondern sich als »gesetzmäßige Abläufe« innerhalb des Praxisfeldes darstellen.

Das berufliche Handeln des Supervisanden unterliegt der wechselseitigen Beeinflussung durch seine Person und durch die Bedingungen seines Praxisfeldes. Dem beruflichen Handeln liegt also ein **Bedingungszusammenhang** zugrunde, der das Erleben und Handeln des Supervisanden in seinem Praxisfeld strukturiert und bestimmt.

Das Zusammenspiel von Bedingungsfaktoren der Person des Supervisanden und der Bedingungsfaktoren aus seinem Praxisfeld findet in seinem beruflichen Handeln einen Niederschlag. Das Konflikt-, Entscheidungs- und Durchsetzungsverhalten des Supervisanden in seinem Praxisfeld und innerhalb der Supervision bieten Anhaltspunkte für die wechselseitige Beeinflussung und Korrespondenz von Bedingungsfaktoren im Bedingungszusammenhang des beruflichen Handelns. Um die Ursache und die Wirkung im Erleben und Handeln des Supervisanden zu entzerren und für den Reflektions- und Veränderungsprozeß griffiger zu machen, wird davon ausgegangen, daß es sich hauptsächlich um zwei **Grundmuster** im Bedingungszusammenhang handelt.

> Faktoren, die der Person des Supervisanden zuordbar sind, und
> Faktoren, die dem Praxisfeld des Supervisanden zuordbar sind,
>
> ☐ stehen in Übereinstimmung zueinander
> ☐ stehen in Nicht-Übereinstimmung zueinander.

Die **Grundfokussierung** auf das berufliche Handeln und das Herausarbeiten von Korrespondenzen zwischen Bedingungsfaktoren im Bedingungszusammenhang sind für die Supervisionsarbeit von Bedeutung, weil so Zugänge und Ansätze für die Veränderung des Erlebens und Handelns des Supervisanden in seinem Praxisfeld möglich werden.

Das methodische Handeln des Supervisors muß sich grundlegend auf den Bedingungszusammenhang im beruflichen Handeln des Supervisanden ausrichten. Weil es bisher keine eigenständigen und »klassischen« Supervisionsmethoden gibt, muß der Supervisor auf Methoden aus anderen Beratungs- und Theorieansätzen zurückgreifen. Es kommt also auf eine Integration von Methoden in die Supervisionsarbeit an. Methoden sind aber nicht ohne weiteres von ihrem Theorieansatz abtrennbar und beinhalten eine eigene Intention und Dynamik. Damit ist die Forderung an den Supervisor gestellt, daß er die Methoden, die er in der Supervision anwendet, in ihrer Wirkungsweise erfahren hat und kennt. Ferner muß der Supervisor einschätzen können inwieweit sich die Methoden auf die Reflektion und Veränderungsarbeit innerhalb der Supervision anwenden lassen. Der Supervisor muß sich ständig vergewissern, inwieweit sich die Methoden auf den Gegenstand der Supervision ausrichten lassen.

Damit das Vorgehen in der Supervision eindeutig auf den Gegenstand bezogen bleibt, Verselbständigungstendenzen weitgehend kontrollierbar werden, das Supervisionskonzept nicht zu einer methodischen »Gemischtwarenhandlung« aufweicht und der Supervisor nicht auf seinen methodischen »Steckenpferden« festsitzt, sind Kriterien und Orientierungen für die Strukturierung erforderlich. Im vorliegenden Handlungsmodell werden **Interventionsansätze** vorgestellt, die sich grundlegend auf den Gegenstand der Supervision ausrichten. Sie bilden die »Integrationsbasis« für Methoden aus anderen Bereichen für methodische »Stärken und Schwächen« des Supervisors und für vorhandene Kenntnisse und Fertigkeiten seitens der Supervisanden.

36

Für den Supervisor stellt sich die Aufgabe, den Supervisanden einerseits in seiner derzeitigen Praxissituation abzuholen und den Reflektionsprozeß dort anzuknüpfen und andererseits die Reflektion und Veränderung zielgerichtet zu strukturieren. Dabei soll das dargestellte berufliche Handeln breit ausgeleuchtet und differenziert abgetastet werden. Im vorliegenden Handlungsmodell werden **Lernbereiche** abgesteckt, die eine umfassende, situative und zielorientierte Vorgehensweise ermöglichen. Das dargestellte Praxismaterial wird durch **Akzentuierung** auf einen bestimmten Lernbereich hin umfassend und differenziert betrachtet.

- Lernbereich: Selbstkenntnis

In diesem Lernbereich liegt die Akzentuierung auf den Bedingungsfaktoren, die sich hauptsächlich auf die Person des Supervisanden beziehen. Es geht u. a. um die Sensibilitäts-, Wahrnehmungs- und Handlungsmuster des Supervisanden und um seine Auseinandersetzung mit eigenen Bedürfnissen, Interessen, Zielen, Werten und Normen, die im beruflichen Handeln wirksam sind.

- Lernbereich: Theorie und berufliches Handeln

In diesem Lernbereich liegt die Akzentuierung auf genutztem und ungenutztem Theorie- und Praxiswissen des Supervisanden, das per Umsetzung im beruflichen Handeln anwendbar und wirksam wird oder nicht.

- Lernbereich: Kommunikation und Interaktion mit Adressaten und Mitarbeitern und innerhalb der Supervision.

In diesem Lernbereich liegt die Akzentuierung auf der Wahrnehmung und Definition der eigenen Position des Supervisanden in Beziehungen und Situationen. Eigene Reaktionsweisen und Interaktionsmuster sollen erkennbar, überprüfbar und situationsangemessen handhabbar werden.

- Lernbereich: Institutionelle Einbindung und gesellschaftlicher Bezug

In diesem Lernbereich liegt die Akzentuierung auf der Situation und Rolle des Supervisanden im strukturell-funktionalen Zusammenhang seines Praxisfeldes. Rollen, Macht- und Abhängigkeitsstrukturen sollen vom Supervisanden wahrgenommen und in ihren Auswirkungen eingeschätzt werden können.

- Lernbereich: Verselbständigung und Transfer

In diesem Lernbereich liegt die Akzentuierung auf der eigenständigen Ergebnisüberprüfung durch den Supervisanden. Supervisionseingebundene Reflektion soll für den Supervisanden in praxisrelevantes Handeln und Reflektieren umsetzbar werden.

Diese Lernbereiche ziehen sich durch den gesamten Supervisionsverlauf.

Das »Medium« für die Reflektion und Auseinandersetzung innerhalb der Supervision sind die Beziehungen zwischen Supervisor und Supervisand und den Supervisanden untereinander.

Die Beziehung definiert sich von seiten des Supervisors zum Supervisanden hin als **Arbeitsbeziehung.**

Anhand des angebotenen Materials werden auf dieser Beziehungsgrundlage Interventionsansätze, Lernbereiche und Materialien im Supervisionsprozeß umsetzbar.

Die Arbeitsbeziehung muß vom Supervisor ständig überprüft werden. Mit vorhandenem Gefälle, Macht und Abhängigkeit muß innerhalb der Supervision situationsangemessen umgegangen werden, um nicht der Realisierung privater, außerhalb des beruflichen Handelns liegender Bedürfnisse, Interessen und Ziele durch Supervisor und Supervisanden Vorschub zu leisten.

Für die Anwendung dieses Handlungsmodelles ist es erforderlich, daß der Supervisor über **Bedingungs-** und **Änderungswissen** verfügt.

Das **Bedingungswissen** beinhaltet seine Erfahrungen, praktische und theoretische Kenntnisse über Bedingungsfaktoren, die aus der Person des Supervisanden resultieren und über solche Bedingungsfaktoren, die sich aus den personalen und strukturell-funktionalen Zusammenhängen in Praxisfeldern ergeben. Der Supervisor muß durch Selbsterleben und durch differenzierte Fremdwahrnehmung die Wirkungszusammenhänge zwischen Person und Praxisfeld von Supervisanden erspüren und erkennen.

Das **Änderungswissen** beinhaltet die Erfahrungen und Kenntnisse des Supervisors bezüglich seiner methodischen Vorgehensweisen und Fertigkeiten. Er muß für die Supervisionsarbeit sensibel und konzentriert sein und abschätzen können, was durch Reflektionsansätze beim Supervisanden an intrapsychischer und interaktioneller Auseinandersetzung ausgelöst werden kann und für denselben zur Zeit verkraftbar und vertretbar ist.

Es ist im Sinne des vorliegenden Handlungsmodelles, daß der Supervisor nicht nur sein Bedingungs- und Änderungswissen in den Supervisionsprozeß einbringt, sondern daß alle Supervisionsbeteiligten ihre Möglichkeiten und ihr Wissen für die Reflektions- und Veränderungsprozesse einbringen. Dabei liegt die Verantwortung für die Strukturierung von Bedingungs- und Änderungswissen seitens der Supervisanden beim Supervisor.

2.1 Der Gegenstand und die Reflektionsvoraussetzungen

Supervision ist ein Beratungsangebot für soziale und pädagogische Berufs-rolleninhaber, die in problemlösungs- oder bildungsorientierter Absicht in ihren Handlungsfeldern mit Menschen umgehen.

Das Angebot bezieht sich auf die Reflektion von Praxissituationen des Super-visanden,

☐ die für ihn mit Konflikten, Problemen und Zielunsicherheiten verbunden sind

☐ die er zur Erweiterung beruflicher Fertigkeiten und Kenntnisse nutzen will

☐ die von ihm im Zusammenhang mit beruflicher Aus-, Fort- und Weiterbildung als Lernsituationen definiert werden.

In diesem Handlungsmodell für Supervision wird von solchen Situationen ausgegangen. Beabsichtigt ist die Entwicklung und Realisierung von Zielen und Vorgehensweisen, die auf eine Veränderung dieser Situationen ausgerichtet sind.

Für die Supervision ist der Supervisand selbst als Person in den vielfältigen Zusammenhängen seines Praxisfeldes der zentrale Ausgangspunkt für die Reflektion. Sein subjektives Erleben und Handeln ist der Bezugspunkt während des gesamten Supervisionsverlaufes.

Als Gegenstand der Supervision wird das berufliche Handeln des Supervisanden definiert.

Das berufliche Handeln

☐ besteht aus der *Interaktion und Kommunikation* des Supervisanden mit den Klienten oder Adressaten im Praxisfeld und seinen vorgesetzten, gleichgestellten und untergebenen Berufskollegen (Interaktionen zwischen Personen im Praxisfeld)

☐ vollzieht sich in *vorgegebenen Strukturen,* die einerseits durch Personen verkörpert sind (personale Strukturen) und andererseits als strukturelle Abläufe, Gesetzmäßigkeiten und Forderungen, wie z. B. Entscheidungszuständigkeiten, Dienstanweisung und Dienstauftrag, wirksam sind (nichtpersonale Strukturen)

☐ bewirkt nach innen und nach außen gerichtete *subjektive Reaktionen* (intrapsychische Verarbeitung).

Das berufliche Handeln, der Umgang und die Auseinandersetzung mit Menschen und strukturellen Gegebenheiten im Praxisfeld ist subjektiv und wird unterschiedlich erlebt und verarbeitet. Es ist darstellbar an konkreten und aktuellen Situationen aus der Praxis und läßt gleichzeitig eine Grundausrichtung des Supervisanden bezüglich seiner Wert-, Norm- und Zielvorstellungen und seiner Lösungs- und Handlungsmuster erkennen.

Den Zugang zur Reflektion des beruflichen Handelns bildet die Person des Supervisanden. Durch die Darstellung von Praxismaterial (angebotene Inhalte und Art und Weise der Darstellung) werden subjektive Vorgehensweisen (Aktionen und Reaktionen) und subjektive Betroffenheit (intrapsychische Verarbeitungsformen) im Praxisfeld innerhalb der Supervision erkennbar.

Die Anteile der intrapsychischen Auseinandersetzung des Supervisanden in seinem beruflichen Handeln sind durch seine Präsenz innerhalb der Supervision unmittelbar zugänglich. Hier setzen die Reflektionsvorgänge innerhalb der Supervision an.

Die Praxissituation des Supervisanden, die Wirksamkeit einzelner Faktoren und die Gesamtheit der Bedingungen ist innerhalb der Supervision durch die Person des Supervisanden vermittelt und somit nur mittelbar für die Reflektion zugänglich.

Diese strukturelle Reflektionsrealität ist eine Voraussetzung für personenangebundenes Reflektieren und Verändern des beruflichen Handelns.

Einerseits ist das berufliche Handeln ausschließlich über die subjektive und selektierte Darstellung des Supervisanden und nicht durch unmittelbare Beobachtung durch den Supervisor im Praxisfeld für den Reflektionsprozeß erschließbar. Andererseits sollen sich die Ergebnisse der Reflektion und die Veränderungsabsichten des Supervisanden in seiner Praxissituation niederschlagen.

Die Praxiswirklichkeit, in der berufliches Handeln stattfindet und auf die sich Supervision mittelbar bezieht, bleibt Maßstab und Kontrolle für gelungenen und nicht gelungenen Transfer des Supervisanden.

2.2 Das Bedingungskonstrukt

Das berufliche Handeln ist das aktuelle und konkrete Erleben und Handeln des Supervisanden in seinem Praxisfeld. Es ist nicht abtennbar von der Grundausrichtung, den eigenen Wert-, Norm- und Zielvorstellungen des Supervisanden. Die Persönlichkeit beeinflußt das Handeln im Praxisfeld.

Innerhalb des Praxisfeldes handelt der Supervisand jedoch nicht privat, sondern als Person in einer beruflichen Rolle. Die Rolle ist ein Bestandteil des strukturell-funktionalen Zusammenhanges des Praxisfeldes. Die berufliche Rolle des Supervisanden ist nicht abtennbar von den Ansprüchen und Forderungen der Klienten, Adressaten, Mitarbeiter und der Institution.

Es wird davon ausgegangen, daß zwischen der Person des Supervisanden und seiner beruflichen Rolle im Praxisfeld eine direkte Wechselwirkung besteht.

Das berufliche Handeln des Supervisanden ist bedingt durch seine Person und durch das Praxisfeld, in welchem er seine Beurfsrolle wahrnimmt.

Das berufliche Handeln wird als ein Bedingungszusammenhang verstanden und definiert:

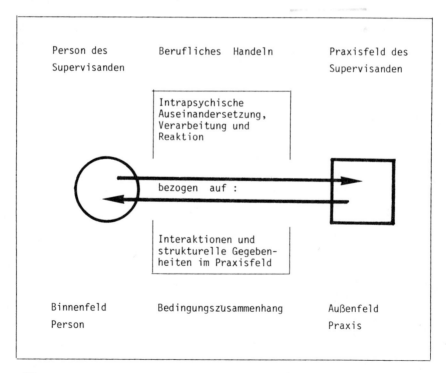

Damit das berufliche Handeln einer systematischen, gründlichen und umfassenden Reflektion zugänglich wird, orientiert sich der Supervisor in diesem Handlungsmodell am folgenden Bedingungskonstrukt:

1. **Binnenfeld Person**
   Persönlichkeitsfaktoren, die im beruflichen Handeln des Supervisanden wirksam sind, werden in ihrer Gesamtheit als das Binnenfeld Person bezeichnet.

2. **Außenfeld Praxis**
   Interaktionelle und strukturelle Faktoren des Praxisfeldes, die sich auf das berufliche Handeln des Supervisanden auswirken, werden in ihrer Gesamtheit als das Außenfeld Praxis bezeichnet.

3. **Bedingungszusammenhang**
   Das Binnenfeld Person und das Außenfeld Praxis strukturieren das berufliche Handeln des Supervisanden. Die wechselseitige Beeinflussung von Binnen- und Außenfeld wird als Bedingungszusammenhang bezeichnet.

Die systematische Entflechtung des beruflichen Handelns und die Annahme wechselseitiger Beeinflussung von Person und Praxisfeld ist erforderlich für die Durchsichtigkeit und Veränderbarkeit des subjektiven Erlebens und Handelns des Supervisanden.

Überprüfbare und gezielte Veränderung beruflichen Handelns erweitert die Möglichkeiten des Supervisanden im Umgang mit Problemen, Konflikten, Zielunsicherheiten und Zielabsichten.

Persönlichkeitsfaktoren (Binnenfeld Person), die das berufliche Handeln strukturieren:

Biografie, Selbstbild/Selbstwert, Internalisierungen

Der jeweilige Supervisand ist einzigartig. Er ist ein Original. Sein Lebensweg hat ihn geprägt und der prägende Sozialisationsprozeß ist noch nicht beendet. Seine Lebensgeschichte wirkt sich auf sein berufliches Handeln aus und umgekehrt ist sein Erleben und Handeln in seinem Praxisfeld prägend für ihn und seine weitere Lebensgeschichte.

Eine Auseinandersetzung des Supervisanden mit seinem Handeln im Praxisfeld ist zugleich auch immer eine anteilige Auseinandersetzung mit seiner Persönlichkeit und seiner Lebensgeschichte.

Eine aktuelle und problematische Auseinandersetzung mit beispielsweise seinem Vorgesetzten oder der Institution insgesamt hat u. U. Ursachen in der früheren Beziehung, die er zu seinem Vater oder einer anderen Bezugsperson hatte. Eine unkritische Einstellung und überangepaßte Haltung des Supervisanden gegenüber Forderungen und Ansprüchen hat u. U. Ursachen in früheren Situationen innerhalb seiner Familie.

Selbstbild und Selbstwert hängen ebenfalls mit seiner Lebensgeschichte zusammen. Der Lebensweg des Supervisanden hat in seiner Persönlichkeit Zeichen und Merkmale gesetzt, die sich als Persönlichkeitsfaktoren im aktuellen beruflichen Handeln zumindest anteilig auswirken.

Bedürfnisse, Interessen, Motivation, Ziel-, Wert- und Normvorstellungen, Lebens- und Berufseinstellung

Wie der Supervisand mit seinen derzeitigen Bedürfnissen in seinem beruflichen Handeln umgeht und welche für ihn von Bedeutung sind, hängt u. U. ursächlich damit zusammen, inwieweit er seine Bedürfnisse häufig und immer und welche er selten oder nie befriedigen konnte. Ob der Supervisand seine aktuellen Bedürfnisse und Interessen überwertig, minderwertig oder ausbalanciert im beruflichen Handeln einbringt oder rausläßt, ist für die Supervisionsarbeit von Bedeutung. Die Wertvorstellungen des Supervisanden und das daraus ableitbare, einsichtige oder uneinsichtige »Normenkorsett« beinhalten Faktoren, die weitgehend die Zielvorstellungen und Zielrealisierungen im Praxisfeld und auch in der Supervision bestimmen.

Motivation und Einstellung des Supervisanden sind in seinem Handeln wirksam und an unterschiedlichen Stellen erkennbar.

Stärken, Schwächen, Belastbarkeit, Problemanfälligkeit, Lern- und Umsetzungsfähigkeiten, Kommunikationsvermögen

Das Erleben und Handeln des Supervisanden in seinem Praxisfeld steht im Zusammenhang mit seinen persönlichen Stärken und Schwächen. Vergangene Problem- und Belastungssituationen und deren Verarbeitung sind im aktuellen Erleben und Handeln anteilig wirksam. Lern- und Umsetzungsfähigkeiten sind in diesem Zusammenhang zu sehen. Rückschläge oder Erfolge schwächen oder verstärken die Vorstellungen von Veränderungen im beruflichen Handeln. Die Bereitschaft und Verwirklichung offener Kommunikation innerhalb der Supervision und die Umsetzung auf das berufliche Handeln im Praxisfeld hat Ursachen in den Persönlichkeitsfaktoren des Supervisanden.

Es handelt sich um die Gesamtheit der Persönlichkeitsfaktoren, die als wahrgenommene und nicht wahrgenommene Anteile das berufliche Handeln beeinflussen.

Interaktionelle und strukturelle Faktoren im Praxisfeld (Außenfeld Praxis), die das berufliche Handeln strukturieren:

Faktoren, die durch Klienten und Adressaten gesetzt werden

Erwartungen und Forderungen, die Klienten und Adressaten an den Supervisanden richten

Benannte und unbenannte Ziele, Werte und Normen

Einstellungen der Klienten und Adressaten zur Institution, die der Supervisand vertritt

Weitergabe von Meinungen und Informationen durch Klienten und Adressaten über die Institution des Supervisanden und ihn selbst

Kontakte zwischen Gruppierungen von Klienten und Adressaten, die der Supervisand in seiner Arbeit berücksichtigen muß

Die spezifische »Problem- und Konfliktlandschaft« der Klienten- und Adressatengruppe

Die soziale, kulturelle, gesellschaftliche und ideologische Einbindung der Klienten und Adressaten und das daraus resultierende Verhalten

Die geografische Wohn- und Arbeitssituation der Klienten und Adressaten

Faktoren, die durch Vorgesetzte, Gleichgestellte und Untergebene gesetzt werden

Erwartungen und Forderungen, die an den Supervisanden aufgrund seiner Zugehörigkeit zur Mitarbeiterschaft an ihn gerichtet sind und sein berufliches Handeln beeinflussen

Benannte und unbenannte Ziele, Werte und Normen der Mitarbeiter

Offizielle und inoffizielle Entscheidungs-, Weisungs- und Leitungshierarchie unter den Mitarbeitern

Die ausgesprochenen und unausgesprochenen Einstellungen der Mitarbeiter im Hinblick auf die Klienten, Adressaten und Institution

Weitergabe von Meinungen und Informationen durch Mitarbeiter über die Klienten, Adressaten, Institution und über den Supervisanden selbst

Führungsstil und Arbeitsklima

Die soziale, kulturelle, gesellschaftliche und ideologische Einbindung der Mitarbeiter und das daraus resultierende Verhalten

Auswirkungen von Kontrolle der Mitarbeiter untereinander

Einzelkontakte und Gruppenbildungen unter den Mitarbeitern und die Art der Zusammenarbeit

Möglichkeiten individueller Freiräume in der Arbeitsgestaltung

Zuordnung der einzelnen Arbeitsbereiche und Kooperationsmöglichkeiten

Faktoren, die durch die Institution gesetzt werden

Art, Größe und Rechtsform der Institution

Die Finanzsituation der Institution und die damit zusammenhängenden Arbeitsmöglichkeiten der Mitarbeiter

Die gesellschaftliche und ideologische Verpflichtung der Institution und die dadurch bedingte Gesinnung

Offizielle und inoffizielle Kontakte der Institution mit anderen Organisationen

Das Beurteilungssystem und die Effizienzüberprüfung

Aufteilung der Arbeitsbereiche und Regelung der Zuständigkeit

Der formale Entscheidungs-, Weisungs- und Leitungsaufbau der Institution

Dienstanweisungen und Dienstaufsicht

Informationskanäle

Offiziell vertretene Ziele, Werte und Normen der Institution

Deklarierte und realisierte Ziele, Werte und Normen

Es handelt sich um die Gesamtheit der Praxisfeldfaktoren, die als wahrgenommene und nicht wahrgenommene Anteile das berufliche Handeln beeinflussen.

2.3. Die Grundmuster des Bedingungszusammenhanges

Das Zusammenspiel des Binnenfeldes Person und des Außenfeldes Praxis und die Auswirkungen auf das berufliche Handeln:

Für das berufliche Handeln ist es von Bedeutung, in welcher Weise der Bedingungszusammenhang hergestellt wird. Es muß danach gefragt werden, wie sich die Korrespondenz zwischen dem Binnenfeld Person und dem Außenfeld Praxis gestaltet. Durch eine systematische Entzerrung dieses Hintergrundes werden die Lösungsansätze, Entscheidungsmechanismen und Vermeidungsstrategien im beruflichen Handeln des Supervisanden einsichtiger. Diese Einsicht ermöglicht die Eingrenzung von Umstrukturierungsansätzen im weiteren Supervisionsverlauf.

Die Art und Weise, in der die Bedingungsfaktoren zueinander stehen, läßt sich in zwei Grundmuster zusammenfassen:

Grundmuster 1: Übereinstimmung von Bedingungsfaktoren aus dem Binnenfeld Person und dem Außenfeld Praxis

Grundmuster 2: Nicht-Übereinstimmung von Bedingungsfaktoren aus dem Binnenfeld Person und dem Außenfeld Praxis.

Beide Grundmuster können sich auf das berufliche Handeln des Supervisanden positiv und/oder negativ auswirken. Für die Supervisionsarbeit bedeutet dies, daß »erfolgreiches und nicht-erfolgreiches« berufliches Handeln auf den zugrundeliegenden Bedingungszusammenhang hinterfragt werden muß, damit das berufliche Handeln vom Ansatz her reflektierbar wird.

Die **Übereinstimmung** von Bedingungsfaktoren aus dem Binnenfeld Person und dem Außenfeld Praxis:

Beispiele:

☐ Der persönliche Wunsch des Supervisanden nach Führungsverantwortung steht im Einklang mit dem Angebot von Leitung seitens der Institution

☐ Die Aufteilung des Praxisfeldes in kleine Zuständigkeitsbereiche durch die Institution steht im Einklang mit dem persönlichen Anliegen des Supervisanden nach Überschaubarkeit

☐ Die Kontrolle der Institution per Zuständigkeitsregelungen etc. steht im Einklang mit dem persönlichen Bedürfnis des Supervisanden nach außengelenkter Sicherheit

☐ Die Belastbarkeit des Supervisanden ermöglicht eine »überdurchschnittliche« Beanspruchung durch Klienten/Adressaten und Institution im Praxisfeld

☐ Die persönlichen Ziele des Supervisanden für seine gesellschaftsbezogene Arbeit im Praxisfeld stehen im Einklang mit den benannten und/oder nichtbenannten Zielen der Institution.

Die **Nicht—Übereinstimmung** von Bedingungsfaktoren aus dem Binnenfeld Person und dem Außenfeld Praxis:

Beispiele:

☐ Die persönliche Einstellung des Supervisanden, daß eine kooperative Teamarbeit im Praxisfeld erforderlich ist, steht im Gegensatz zu der Forderung der Institution, daß die Führungsverantwortung nur durch *einen* leitenden Mitarbeiter wahrzunehmen ist

☐ Die persönliche Vorstellung des Supervisanden von problemorientierter und interdisziplinärer Vorgehensweise im Praxisfeld steht im Gegensatz zur Sachbearbeiterstrukturierung durch die Institution

☐ Der persönliche Wunsch des Supervisanden nach intensiver und weiterführender Arbeit mit einzelnen Klienten/Adressaten steht im Gegensatz zum Arbeitsaufkommen und damit verbundenen Formalitäten im Praxisfeld

☐ Das persönliche Bedürfnis des Supervisanden nach ausgiebiger Freizeit und Zeit für die Familie steht im Gegensatz zum Aufstiegsangebot des Arbeitgebers und damit gefordertem Einsatz

☐ Die Zielvorstellungen des Supervisanden für seine Arbeit im Praxisfeld stehen im Gegensatz zu den benannten und/oder unbenannten Zielen der Institution und/oder Klienten/Adressaten.

Die Art und Weise, in welcher die Bedingungsfaktoren des Binnenfeldes Person und des Außenfeldes Praxis miteinander korrespondieren, wirkt sich auf das berufliche Handeln des Supervisanden aus.

Innerhalb der Supervision berichtet der Supervisand über sein Verhalten im Praxisfeld und er verhält sich aktuell in der Supervisionssituation. Der Supervisor muß bei den dargestellten Inhalten und bei der Darstellungsweise in der aktuellen Situation darauf achten, ob es Reflektionsansätze bezüglich wirksamer Grundmuster im Bedingungszusammenhang des beruflichen Handelns des Supervisanden gibt.

Hinweise auf das Zusammenspiel von Bedingungsfaktoren lassen sich im

Konfliktverhalten, Entscheidungsverhalten und

in der Vorgehensweise zur Erreichung von Zielen

beim Supervisanden erkennen. Zunächst ist lediglich eine Tendenz im beruflichen Handeln ersichtlich, die, bezogen auf eine Situation, einen ersten Reflektionsansatz bietet. Als Tendenzen sind feststellbar:

Harmonisierung (»es gibt *nie* Konflikte)

Kampf — Provokation (»es gibt *immer* Konflikte«)

Beide Tendenzen können auf der intrapsychischen Ebene (Binnenfeld Person) wirksam sein und sich als intrapsychische Auseinandersetzung und Verarbeitung bemerkbar machen.

Beide Tendenzen können auf der interaktionellen und strukturellen Ebene des beruflichen Handelns (Außenfeld Praxis) wirksam sein und sich als Auseinandersetzung und Verarbeitung des Supervisanden zwischen ihm und Menschen und zwischen ihm und Strukturen im Praxisfeld bemerkbar machen.

Am Beispiel des Konfliktverhaltens sollen an dieser Stelle die Merkmale im beruflichen Handeln benannt werden, die innerhalb der Supervision in den dargestellten Inhalten und in der Kommunikation griffig sind und Reflektionsansätze bieten.

Passives Konfliktverhalten

Resignation in Konfliktsituationen
Rückzug vom Konfliktfeld
Flucht aus den Konfliktzusammenhängen und Weglaufen vor den Gegnern
Grundsätzliches Ausweichen, wenn es nach Konflikten riecht
Hilfe rufen und Verstärkung erbitten und sich selbst aus der Kommunikation raushalten
Verzicht auf die Wahrnehmung eigener Interessen
Verzicht auf die Realisierung eigener Zielvorstellungen
Alleingang in Problemsituationen
Hinter den Arbeitsberg verkriechen
Pessimistische Vorhersagen
Hemmungen erliegen
Außenseiter; Kontakt- und Kommunikationsschwierigkeiten
Konzentration auf Objekte und Situationen außerhalb des Konfliktfeldes
Selbstvorwürfe bezüglich der Entstehung des Konfliktes
Aggressionen nach innen richten; somatische Symptome
Überbetonung der eigenen Unsicherheit

(Begleitende Affekte: Schuldgefühle, Ängste, Trauer, Niedergeschlagenheit, Unfreundlichkeit, Überfreundlichkeit, entsprechende Mimik und Gestik)

Aggressives Konfliktverhalten

Überzogene Aggressionen gegen Personen, Strukturen und Sachen
Bloßstellen der Schwächen und Konfliktanteile der anderen
Lächerlichmachen der Lösungsansätze anderer
Unterdrücken von ansatzweise Stärkeren in der Konfliktsituation
Ausnutzung der Fehler und Versagensanteile anderer
Überwertig auf das eigene Recht pochen
Gegner im Konflikt reizen und provozieren
Abwertung der Argumentation anderer; kurze abwertende Bemerkungen
Drohungen aussprechen; andere durch Auflagen »quälen«
Rigides Beharren auf den eigenen Lösungsangeboten; keine Kooperationsangebote
Eigenen Status im Praxisfeld und kognitive als auch emotionale Vorteile nutzen
Impulsives Reagieren auf Beiträge zur Lösung des Konfliktes

(Begleitende Affekte: Unfreundlichkeit, Ironie, Frechheiten, Haß, entsprechende Mimik und Gestik)

Berechnendes (instrumentelles) Konfliktverhalten

Falsche Anschuldigungen in der Auseinandersetzung
Angstmacherei bezüglich der Konsequenzen des Konfliktes
Ausnutzen von schwächeren Konfliktgegnern/-partnern
Auf sich selbst aufmerksam machen durch Herabspielen anderer
Gerüchte in das Praxisfeld setzen
Konfliktfähigkeit den anderen absprechen
Überzogen auf die eigenen langen Erfahrungen in solchen Situationen
hinweisen
Die Unfähigkeit anderer herausstellen
Die Ängste anderer fördern
Die eigene Stärke als Hilfe für die unsicheren Konfliktbeteiligten anbieten
Kollegiales Aushorchen unter dem Vorwand der Verschwiegenheit
Konfliktpartner bei den Vorgesetzten verpetzen
Konfliktbeteiligte untereinander verraten und gegeneinander ausspielen

(Begleitende Affekte: Kälte, Sachlichkeit, Kontrolliertheit, Loben und Tadeln,
unterkühlte Freundlichkeit, Vertrautheit)

Kommunikatives und akzeptierendes Konfliktverhalten

Eigene Position im Konflikt erkennen und dazu stehen
Den eigenen Standpunkt hinterfragen lassen und Informationen zur Verdeut-
lichung geben
Die Standpunkte der Konfliktpartner akzeptieren und hinterfragen
Die emotionalen und die rationalen Konfliktanteile durchsichtig machen
Unterschiedliche Interessen unbewertet zulassen
Konstruktive Beiträge bezüglich der vermuteten und nichtvermuteten Ursa-
chen des Konfliktes geben; Kontroversen herausarbeiten
Offener Austausch über die Interessen und damit verbundener Gegensätz-
lichkeiten
Verdeutlichung der Ziele, um die es in dieser Situation geht
Spannungen zulassen, um sie dann abzubauen
Phantasien, Irrationalismen und Vorurteile ansprechen
Alternativen entwickeln; Möglichkeiten des Verzichts untersuchen
Durchsetzungsschwache Konfliktpartner zur Verdeutlichung ihrer Anliegen
verhelfen
Sich in die Lage des Konfliktpartners versetzen; Indentifikation mit gegensätz-
lichen Interessen und Zielen

Kooperationsansätze nutzen; Kompromißvorschläge überprüfen
Unterschiedlichkeiten auf Übereinstimmung hin untersuchen
Zielsetzungen verändern und damit erreichte Funktion für das Anliegen in der Vorwegnahme überprüfen
Vermeidung von personaler und struktureller Gewalt bei der Durchsetzung der eigenen Zielvorstellungen und Interessen
Metakommunikation über die Interaktionen der Konfliktpartner

(Affekte: eigene emotionale Situation zeigen, Konfliktpartner in ihrer emotionalen Situation erkennen und zulassen, Zuneigungen und Abneigungen verbalisieren)

Es wird Bezug genommen auf Untersuchungen und Ergebnisse von Stange / Stange zum Training von Konfliktlöseverhalten und beschriebener Konfliktlösetechniken (Hielscher, Hrsg. 1974, S. 54 ff.)

2.4. Die Grundfokussierung

Veränderungswünsche und -absichten sollen für den Supervisanden erfaßbar und konkretisierbar werden. Lernziele sollen durch Transparenz und Umstrukturierung von Bedingungszusammenhängen im beruflichen Handeln des Supervisanden realisierbar werden.

Die Vorgehensweise innerhalb der Supervision muß sich auf den Gegenstand der Supervision und den zugrundeliegenden Bedingungszusammenhang beziehen. Ausgangs- und Bezugspunkt ist der Bedingungszusammenhang. Der Supervisor kann sich je nach Erfordernis mal stärker auf Bedingungsfaktoren des Binnenfeldes Person oder des Außenfeldes Praxis konzentrieren. Von Bedeutung ist, daß dies nicht losgelöst von der Korrespondenz, der Spannung und Dialektik erfolgt, in der Bedingungsfaktoren im Bedingungszusammenhang des beruflichen Handelns stehen.

Durch überzogene Reflektion des Binnenfeldes Person bzw. des Außenfeldes Praxis besteht die Gefahr einseitiger Gewichtung, so daß die Reflektion eine Richtung erhält, die vom Bedingungszusammenhang und damit vom Gegenstand der Supervision wegführt.

Die Aufmerksamkeit des Supervisors ist vor allem dann erforderlich, wenn

☐ sich einseitige Rückzüge und Verlagerungen im Blick auf Problem-, Konflikt- und Entscheidungssituationen beim Supervisanden andeuten, oder wenn »verbissene« Festlegungen und übersteigerte Zielfixierungen das Handeln des Supervisanden beeinträchtigen

☐ der Supervisand den Reflektionsprozeß mit seinen »Reflektionsstekkenpferden« oder »Lieblingsthemen« überfrachtet

☐ sich beim Supervisor eine einseitige Beratungsroutine festgesetzt hat, wodurch die Reflektions- und Umstrukturierungsarbeit des Supervisanden be- oder verhindert wird

☐ er Methoden aus Beratungs- und Theorieansätzen einsetzt, die sich ursächlich auf einen anderen Gegenstand beziehen und nicht auf das berufliche Handeln des Supervisanden.

Die Konzentration des Supervisors auf einzelne Bedingungsfaktoren aus Binnenfeld Person und Außenfeld Praxis und ihrem Zusammenspiel im Bedingungszusammenhang des beruflichen Handelns des Supervisanden wird in diesem Handlungsmodell als *Grundfokussierung* bezeichnet:

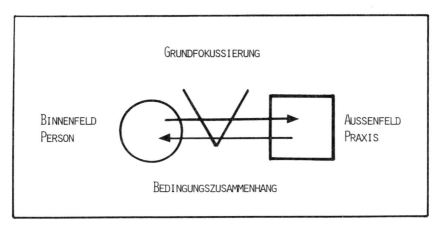

Die Grundfokussierung ist die Konzentration auf den Bedingungszusammenhang, die Analyse des Zusammenspiels von Bedingungsfaktoren und bewirkt Eingrenzung oder Erweiterung des Reflektionsspektrums.

In allen Phasen des Supervisionsverlaufes ist die Konzentration auf den Gegenstand der Supervision erforderlich. Die Interventionen des Supervisors setzen innerhalb der Supervision entscheidend die Struktur für die Reflektion und die Veränderungsabsichten des Supervisanden. Das methodische Vorgehen muß sich deshalb eindeutig auf das berufliche Handeln beziehen. Die Realität zeigt, daß jeder Supervisor aufgrund von Ausbildung, Erfahrungen, »Erfolgen und Mißerfolgen« in der Beratung und Kenntnissen und Fertigkeiten entsprechend seiner Persönlichkeitsstruktur unterschiedliches Bedingungs- und Änderungswissen hat.

Damit einerseits individuelle Fähigkeiten des Supervisors nicht verloren gehen und sich andererseits nicht verselbständigen, sind im vorliegenden Handlungsmodell für Supervision *Interventionsansätze* konzipiert. Durch die Anwendung dieser Interventionsansätze bleibt die Supervisionsarbeit deutlich auf das berufliche Handeln des Supervisanden bezogen. Dabei kann der Supervisor seine individuellen Kenntnisse und Fertigkeiten anwenden, auch wenn sie aus anderen Beratungs- und Theorieansätzen abgeleitet sind.

Ebenso können die Kenntnisse und Fertigkeiten der Supervisanden für die Reflektion genutzt werden. Alle Supervisionsbeteiligten bilden somit die vorhandene Kapazität von Bedingungs- und Änderungswissen innerhalb der Supervision. Durch die Grundfokussierung und die damit verbundene Anwendung der Interventionsansätze durch den Supervisor wird das vorhandene Bedingungs- und Änderungswissen auf den Gegenstand der Supervision hin strukturiert. Verselbständigungen, die von der Reflektion und Umstrukturierung des Gegenstandes wegführen, werden weitgehend kontrollierbar. Reflektionsdurchsichtigkeit und - sicherheit ist damit für die Supervisionsbeteiligten möglich.

2.5. Die Interventionsansätze

Mit der Bezeichnung Supervisand X ist jeweils der darstellende Supervisand gemeint, auf den sich die Supervisionsarbeit konzentriert.

Mit der Bezeichnung Supervisand Y ist ein anderer Supervisand oder der Supervisor in derselben Supervisionssituation gemeint.

Interventionsansatz I

Der Supervisor bietet dem Supervisanden X zur Reflektion und Auseinandersetzung Bedingungsfaktoren an, die dem Binnenfeld oder dem Außenfeld des Supervisanden entsprechen. Dies ist dann erforderlich, wenn der Supervisand sein Erleben und Handeln begrenzt, einseitig oder überwertig darstellt.

Beispiel: Der Supervisand bringt zum Ausdruck daß er schwierige Situationen in der Praxis nicht aushalten kann und es für aussichtlos hält, solche Situationen zu verändern.

Der Supervisor nimmt in der Supervision wahr, daß Supervisand X dann stark verunsichert ist, wenn es darum geht Wahrnehmungen von Problemen zwischen Supervisanden mitzuteilen und Stellung zu beziehen. Er stellt weiterhin fest, daß es dem Supervisanden schwerfällt, einen Standpunkt einzunehmen und ihn in schwierigen Situationen zu vertreten.

Dem Supervisor fällt auf, daß sich Supervisand X nur ungern festlegen läßt und ständig den Anspruch an sich hat, etwas Neues gestalten zu müssen.

Den gesamten Schilderungen kann der Supervisor entnehmen, daß der Supervisand sehr viel Energie für außerberufliche Aktivitäten einsetzt.

Der Supervisor konfrontiert den Supervisanden mit seiner geschilderten Belastung, schwierige Situationen im Praxisfeld nicht aushalten zu können und seinen persönlichen Bedürfnissen und Ansprüchen nach außerberuflichen Aktivitäten.

Im weiteren Verlauf wird deutlich, daß der Supervisand, aufgrund seiner subjektiven Bewertung, Veränderungen in beruflichen Situationen als aussichtslos deklariert. Er leitet seine Energien auf außerberufliche Aktivitäten um. Sein Leidensdruck ist für ihn gleichzeitig die Legitimation, sich Veränderungsnotwendigkeiten zu entziehen.

Im weiteren Supervisionsverlauf ist es erforderlich, daß der Supervisor den Supervisanden X ständig mit dessen Wertungen in Bezug auf Veränderungen im Praxisfeld und dessen Ansprüchen in Bezug auf außerberufliche Aktivitäten konfrontiert.

Interventionsansatz II

BEDINGUNGSZUSAMMENHANG X

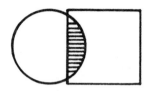

Der Supervisor bietet dem Supervisanden X die wechselseitige Beeinflussung von Binnenfeld und Außenfeld im Bedingungszusammenhang seines beruflichen Handelns zur Reflektion und Auseinandersetzung an. Dies ist vor allem dann von Bedeutung, wenn in der Darstellung des Supervisanden und durch sein Verhalten innerhalb der Supervisionssituation erkennbar wird, daß er auf Anforderungen und Erwartungen sehr schnell eingeht und diese erfüllt ohne sich mit den damit verbundenen Auswirkungen auseinandergesetzt zu haben. Ebenso, wenn der Supervisand selber Abläufe veranlaßt, ohne sich mit den Auswirkungen auf andere eingehend beschäftigt zu haben.

Beispiel: Supervisand X stellte eine Praxissituation vor, in der er im Rahmen einer Stadtranderholung mit Kindern seinen Mitarbeitern eine gemeinsame Aktion vorschlug. Seine Schilderung läßt erkennen, daß er sich über die geringe Eigeninitiative seiner Kollegen beklagt.

Der Supervisor schlug in einer weiteren Supervisionssitzung ein Interaktionsbild vor (siehe Materialienteil: Interaktionsbild). Der Supervisand X begann kurz nach Abklärung des Übungsablaufes als zweiter mit dem Malen. Er teilte die große Papierfläche mit einem dicken und dunkelfarbigen Pinselstrich in ungleich große Felder ein. Nachdem die drei Mitsupervisanden sich zunächst mit ihrer Malerei auf die leer gebliebenen Felder begrenzten, durchbrach einer von ihnen (Aggression war nicht zu übersehen) mehrere Feldeingrenzungen und füllte die freigewordene Fläche mit großen rundlichen Farbfeldern. Supervisand X stieg aus der Malerei aus. In der Auswertung beschwerte er sich über das Vorgehen, weil es seiner Meinung nach ein im Entstehen begriffenes Bild völlig zerstört habe. Eine intensive Auseinandersetzung war die Folge. Der Supervisor konfrontierte den Supervisanden X mit der Vorgehensweise des initiativen Supervisanden und ließ dabei deutlich werden, daß es sich dabei um Eigeninitiative gehandelt habe, die er sich, der Supervisand X, doch in der Stadtranderholung von seinen Mitarbeitern gewünscht habe. In weiteren Supervisionsgesprächen wurde sehr deutlich, daß Supervisand X ein starkes Bedürfnis nach Strukturen hat, weil sie ihm Orientierung und Hilfe im Umgang mit Kollegen geben. In dem Umfang aber, in dem er Strukturen setzt, wird die Eigeninitiative seiner Mitarbeiter geringer.

In der Supervisionssituation nahm ein Supervisand die vorgegebene Struktur für sich nicht als einfach gegeben an und wurde über einen längeren Zeitraum der Gegner von Supervisand X. In der Auseinandersetzung entwickelte X Ziele für sein berufliches Handeln in seiner Praxis, die sich vor allem auf die Arbeit innerhalb seines Mitarbeiterteams bezogen. In späteren Darstellungen war nicht zu übersehen, daß ihm ein Transfer in die Praxis anteilig gelungen war. Die Absprachen mit seinen Teamkollegen wurden vor gemeinsam durchzuführenden Aktionen länger und ließen Struktur-und Aktivitätsvorschläge anderer zu. X machte die Erfahrung, daß eine gemeinsam entwickelte Struktur für ihn auch Sicherheit bedeutete. Er konnte sich jedoch nicht auf Aktivitäten einlassen, die nicht »vorstrukturiert« waren.

Interventionsansatz III

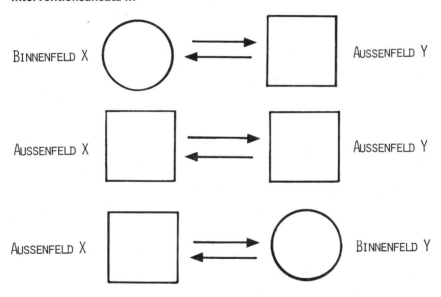

Der Supervisor vergleicht und stellt in unterschiedlichen Variationen Binnen- und Außenfelder gegenüber. Dadurch werden vergleichbare, aber subjektiv unterschiedlich erlebte Bedingungsfaktoren, interaktionelle und strukturelle Gegebenheiten in Praxisfeldern hinterfragbar und überprüfbar.

Dieser Ansatz bietet Reflektions- und Auseinandersetzungsmöglichkeiten für die Supervisanden, wenn institutionelle Gegebenheiten als stark beeinträchtigend oder als sehr günstig für das berufliche Handeln erlebt und beurteilt werden.

Der Schwerpunkt dieses Ansatzes ist in der Analyse institutioneller Faktoren und ihrer Wirkungszusammenhänge im Blick auf subjektive Identifikationen, Betroffenheit und Reaktionen des Supervisanden zu sehen.

Dieser Ansatz ist von Bedeutung, wenn in der Darstellung des Supervisanden X erkennbar ist, daß er sich in seinem beruflichen Handeln stark auf sich selbst oder eine kleine Gruppe zurückzieht, weil aus seinem Erleben und aus seiner Sicht die Bedingungen des Praxisfeldes keinen Freiraum für seine beruflichen Zielsetzungen zulassen. Es kann auch sein, daß der Supervisand einerseits mit den Zielsetzungen und Vorgehensweisen innerhalb seiner Institution sehr zufrieden ist, andererseits seine unmittelbare Arbeit mit den Klienten oder Adressaten unbefriedigend für ihn bleibt, weil erhoffte »Erfolge« nicht eintreffen.

Beispiel: Supervisand X arbeitet in einem Praxisfeld, das in Trägerschaft eines Wohlfahrtsverbandes steht. Es handelt sich um die Begleitung von Menschen, die in einer Siedlung am Rande der Stadt unter der Bezeichnung »Obdachlose« leben.

Es sind deutsche und ausländische Familien mit einer Vielzahl von Kindern und Jugendlichen. Einige Familienväter sind nur selten oder nie bei der Familie, weil sie sich aufgrund unterschiedlicher Umstände anderswo aufhalten. Die Ernährer der Familien (Männer und Frauen) gehen »auf Schicht« in umliegende Betriebe. Die Bewohnerschaft der Stadt ist mehr in der »Mittelschicht« anzusiedeln.

Supervisand X hat innerhalb einer Woche häufiger in der »Siedlung« zu tun. Er hat ehrenamtliche Helfer, hauptsächlich junge Erwachsene aus der Verbandsarbeit seiner Wohlfahrtsorganisation. Seine Arbeitsschwerpunkte sind »Hausbesuche« und Freizeitangebote für Kinder und Jugendliche. Er ist mit den »Ergebnissen« seiner Arbeit nicht zufrieden, weil, wie er sagt, sich bei den »Leuten« nichts tut, obwohl sein Verband enorm viel Zeit (durch ihn und ehrenamtliche Helfer) und Mittel (Raummieten und Material für Freizeitangebote) in die Arbeit reinsteckt.

X befindet sich in der Supervision, weil sie für eine längerfristige Fortbildung erforderlich ist. Die drei weiteren Supervisanden befinden sich ebenfalls aus diesem Grund in der Supervision.

In der fünften Supervisionssitzung gibt der Supervisor einen Arbeitsbogen mit Fragen zur eigenen Person ein (siehe Materialteil: Fragen zur eigenen Person) mit der Bitte, nur eine begrenzte Anzahl von Fragen aus dem Arbeitsbogen auszuwählen und stichwortartig zu beantworten. Nach ca. 30 Minuten Einzelarbeit der Supervisanden eröffnet der Supervisor das Gespräch über die ausgewählten Fragen.

Im Austausch, Eingaben von X und Rückfragen der Mitsupervisanden, läßt sich erkennen, daß Supervisand X eine hohe Identifikation mit den Zielen und Wertvorstellungen hat, die in seinem Verband ausgesprochener oder unausgesprochener Maßen vertreten werden. Er hält die Absicht seiner Organisation im Blick auf die Menschen seiner Zielgruppe für gut, richtig und erforderlich.

Dies wurde von den Mitsupervisanden zwar teilweise kritisch angemerkt, aber nicht weiter hinterfragt. Die Unzufriedenheit mit seiner Arbeit wurde noch verstärkt. Er fühlte sich in seinem beruflichen Handeln ständig frustiert, weil er sich nach seinem Erleben und aus seiner Sicht noch so anstrengen konnte, es gab keine befriedigende Resonanz, geschweige denn Veränderung bei den »Leuten« (auf Einzelheiten soll hier verzichtet werden).

Auf diesem Hintergrund wurde vom Supervisor in einer weiteren Supervisionssitzung ein Rollenspiel zu der Situation von X vorgeschlagen und von X und den Mitsupervisanden auch aufgenommen und durchgeführt.

Ausgangssituation:

- ☐ Kiosk in der Siedlung
- ☐ ein Mitarbeiter des Verbandes macht nach Absprache mit dem Kioskinhaber einen Aushang, der zu einem Elterntreff einladen soll
- ☐ arbeitsloser Familienvater; trinkt eine Flasche Bier
- ☐ Kind aus der Siedlung; will ein Schulheft kaufen
- ☐ Hausfrau aus angrenzendem Wohngebiet; will sich nach einer Adresse erkundigen

Auseinandersetzungsanlaß:

Familienvater spricht den Mitarbeiter vom Wohlfahrtsverband an: »Was soll denn der Zettel?«

Spielverlauf:

1. Durchgang: Supervisand X übernimmt auf eigenen Wunsch die Rolle des Mitarbeiters (seine Rolle), die Mitsupervisanden verteilen sich auf die übrigen Rollen

2. Durchgang: Supervisand X übernimmt auf eigenen Wunsch die Rolle der Hausfrau aus dem angrenzenden Wohngebiet

3. Durchgang: (kommt nicht zustande) Supervisand X verweigert den Vorschlag eines Mitsupervisanden, die Rolle des Familienvaters oder des Kindes zu übernehmen.

In der Auswertung der Identifikation mit den einzelnen Rollen und der Spielinhalte bringt X mit großer Betroffenheit einige Selbsterkenntnisse zum Ausdruck. Er meint, daß er sich übermäßig und intensiv mit den guten und menschlichen Zielen seines Verbandes in Übereinstimmung befindet. Sobald es negative Aussagen über seinen Verband innerhalb der Siedlung gibt, verteidigt er den Verband und intensiviert sein berufliches Handeln.

Obwohl Angebote, die er vor allem für Jugendliche dieser Siedlung macht, nicht aufgenommen und zum Teil verspöttelt werden, hält er diese Angebote aufrecht.

Zu Beginn seiner Tätigkeit in dieser Siedlung hat er eine Bestandsaufnahme gemacht. Die Ergebnisse sind durch ihn jedoch so modifiziert worden, daß sie nicht in Widerspruch zu den Absichten des Verbandes gerieten.

Indem ein Mitsupervisand seine Rolle als Mitarbeiter übernahm, wurden für Supervisand X andere Bedingungszusammenhänge zwischen Binnen- und Außenfeld erkennbar. Er entwickelte im weiteren Supervisionsverlauf Absichten und Ziele, die einen veränderten Umgang mit der Situation seiner Klientengruppe andeuteten. Er veränderte seinen Zugang zu den Menschen in der Siedlung, indem er andere Vorgehensweisen entwickelte. Er gab jedoch seine Vorstellung von der Richtigkeit der Ziele und Absichten seines Verbandes nicht auf.

Interventionsansatz IV

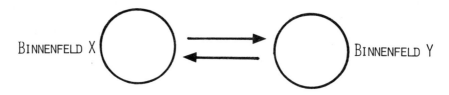

Dieser Ansatz bietet dem Supervisanden und auch dem Supervisor Möglichkeiten, Beziehungen innerhalb der Supervision zu klären.

Der Arbeitsbogen »Harmonie und Dissonanz« (siehe Materialteil) bietet Einstieg und eine Strukturierungshilfe.

Übereinstimmungen und Diskrepanzen im Erleben und Handeln werden reflektierbar.

Der Supervisand erhält Gelegenheit, mit seinen Schwächen und Stärken zu experimentieren.

Bedingungsfaktoren zweier oder mehrerer in der Supervision vorhandener Binnenfelder können in Korrespondenz und Auseinandersetzung treten.

Der Supervisor kann beispielsweise den Supervisanden Y auffordern, sich darüber zu äußern, ob er den Supervisanden X hier in der Supervision ebenso auseinandersetzungsfreudig erlebt, wie sich dieser in der Auseinandersetzung mit seinen Kollegen darstellt.

Die in der Supervision unmittelbar vorhandenen Binnenfelder der Supervisanden und des Supervisors sind vor allem für die Wahrnehmungserweiterung und für das Experimentieren veränderter Vorgehensweisen im Praxisfeld eine wesentliche Materialquelle.

Dieser Interventionsansatz bewirkt eine starke »Hier- und Jetzt-Dynamik«. Die Aufmerksamkeit des Supervisors richtet sich dabei auf die Interaktionsmuster der Supervisanden und auf Transferansätze für das berufliche Handeln.

Das methodische Handeln des Supervisors muß sich auf den Gegenstand der Supervision beziehen. Da bisher für die Supervisionsarbeit keine supervisionsspezifischen Methoden verfügbar waren, vielmehr aus anderen Beratungs- und Theorieansätzen unterschiedliche Methoden in der Supervision Anwendung fanden, sind im vorliegenden Handlungsmodell Interventionsansätze konzipiert, die sich eindeutig auf den Gegenstand beziehen und von daher eine Integration anderer Methoden ermöglichen.

Bei der Anwendung von Methoden aus anderen Beratungs- und Theorieansätzen muß der Supervisor auf jeden Fall Kenntnisse und Anwendungswissen haben. Methoden aus anderen Bereichen wurden nicht auf den Gegenstand der Supervision hin entwickelt und haben damit andere, nicht auf das berufliche Handeln ausgerichtete Ausgangs-, bzw. Bezugspunkte und Zielsetzungen.

Eine durch die Anwendung von Methoden ausgelöste Verselbständigung in der Reflektions- und Umstrukturierungsarbeit der Supervision ist nicht wünschenswert, selbst wenn Teilaspekte dabei durchaus förderlich wären.

Die grundlegende Systematik dieses Handlungsmodells basiert auf

☐ der Abgrenzung und Beschreibung des Gegenstandes der Supervision

☐ der Unmittelbarkeit des Supervisanden innerhalb der Supervision und der strukturellen Distanz der Supervision zum (mittelbaren) Praxisfeld des Supervisanden

☐ der Definition des beruflichen Handelns als ein Bedingungszusammenhang zwischen der Person des Supervisanden und seinem Praxisfeld

☐ der Annahme, daß die Art und Weise, in der die Bedingungsfaktoren im Bedingungszusammenhang zueinander stehen, in zwei Grundmuster zusammengefaßt werden kann

☐ der Grundfokussierung durch den Supervisor und die damit zusammenhängende Anwendung von Interventionsansätzen, die auf den Gegenstand der Supervision ausgerichtet sind

☐ der situativen und zielorientieren Reflektion und Umstrukturierung von Bedingungszusammenhängen des beruflichen Handelns, die in den Lernbereichen akzentuiert werden.

Hiermit ist für die Integration von Methoden aus anderen Beratungs- und Theorieansätzen gleichzeitig auch ein Auswahlmodus gegeben.

Zur weiteren Orientierung für die Integration von Methoden innerhalb der Supervision sind einige Beratungs- und Theorieansätze aufgeführt, die vom Supervisor allerdings als Interpretationshilfen und methodisches Vorgehen nur dann eingesetzt werden sollten, wenn er sich darin auskennt. Es wird vorausgesetzt, daß der Supervisor über allgemeine Grundkenntnisse in Pädagogik, Psychologie, Soziologie, Medien, Gruppendynamik u. a. verfügt. Ausbildung und Erfahrungen in seinem Grundberuf (Sozialarbeiter, Sozialpädagoge, Diakon u. a.) werden als ein Bestandteil seines Bedingungs-, Änderungs- und Handhabungswissen als Supervisor angenommen.

Für die Reflektion von Bedingungsfaktoren des Binnenfeldes **Person** im Bedingungszusammenhang des beruflichen Handelns können aus folgenden Ansätzen Theorien und Methoden in die Supervisionsarbeit integriert werden:

☐ Psychoanalytisch orientierte Theorien und Verfahren

☐ Klientenzentrierte Gesprächspsychotherapie

☐ Rational — emotive Therapie

☐ Theorie und Praxis der Einzelfallhilfe

☐ u. a.

Für die Reflektion von Bedingungsfaktoren des Außenfeldes **Praxis** im Bedingungszusammenhang des beruflichen Handelns können aus folgenden Ansätzen Theorien und Methoden in die Supervisionsarbeit integriert werden:

☐ Organisations- und Institutionstheorien

☐ Gesellschaftsanalyse

☐ Politische und ideologische Theorien

☐ Fachspezifische Theorien für das jeweilige Praxisfeld

☐ Theorie und Praxis der Gemeinwesenarbeit

☐ u. a.

Für die Reflektion des **Bedingungszusammenhanges** als ein Zusammenspiel von Binnenfeld Person und Außenfeld Praxis können aus folgenden Ansätzen Theorien und Methoden in die Supervisionsarbeit integriert werden:

☐ Kommunikations- und Kooperationstheorien

☐ Familientherapie

☐ Gestalt — Theorien

☐ Transaktions — Analyse

☐ Theorien über Gruppendynamik

☐ Themenzentrierte interaktionelle Methode

☐ u. a.

2.6. Die Lernbereiche

Das Ziel der Supervision ist Veränderung des beruflichen Handelns. Die Reflektion ist eine Voraussetzung für Veränderungen, die vom Supervisanden beabsichtigt sind und von ihm realisiert werden sollen. Sie ist die wesentliche Basis für Umstrukturierungswünsche und Zielkonkretisierungen.

Es wird jedoch nicht gelernt, indem zuerst reflektiert wird und dann Umstrukturierungswünsche und Zielvorstellungen in einen Zielkatalog gefaßt werden.

Reflektion und Veränderung sind aufeinander bezogen, stehen in wechselseitiger Abhängigkeit und ermöglichen praxisfeldorientiertes Lernen.

In der Reflektion des beruflichen Handelns werden für den Supervisanden Zielrichtungen erkennbar, die beabsichtigte und überprüfbare Veränderungen für sein Erleben und Handeln in der Praxis ermöglichen.

Erreichte Veränderungen führen zu weiteren Zielsetzungen. Das beinhaltet, daß sich die Reflektion nicht einseitig, sondern vielseitig auf den Gegenstand bezieht und diesen entsprechend ausleuchtet und abtastet.

Im vorliegenden Handlungsmodell sind im Hinblick auf praxisfeldorientiertes Lernen folgende Kriterien von Bedeutung:

☐ das berufliche Handeln des Supervisanden soll umfassend und systematisch betrachtet und reflektiert werden

☐ die situative Betroffenheit des Supervisanden soll für die Reflektions- und Umstrukturierungsarbeit genutzt werden

☐ die Supervisionsarbeit soll sich an den Umstrukturierungswünschen und Zielvorstellungen des Supervisanden orientieren.

Dadurch wird ein situatives und zielorientiertes Vorgehen in der Supervision erforderlich bzw. möglich.

Es werden deshalb Lernbereiche abgesteckt und beschrieben, die es dem Supervisor und dem Supervisanden ermöglichen, sich so auf das dargestellte Praxismaterial zu beziehen, daß weitere Zielvorstellungen aufgenommen werden können.

Lernbereich: Selbstkenntnis

Dieser Lernbereich bezieht sich auf die Person des Supervisanden. Beabsichtigt ist die Wahrnehmung von Bedingungsfaktoren aus dem Binnenfeld Person und die Auswirkungen dieser Faktoren auf den Bedingungszusammenhang des beruflichen Handelns.

Lernbereich: Theorie und berufliches Handeln

Dieser Lernbereich bezieht sich auf das Theorie- und Praxiswissen des Supervisanden, das sich in Form von Kenntnissen u. Fertigkeiten auf das berufliche Handeln auswirkt.

Lernbereich: Kommunikation und Interaktion mit Adressaten, Mitarbeitern und innerhalb der Supervision

Dieser Lernbereich bezieht sich auf die Wahrnehmung von Bedingungsfaktoren aus dem Außenfeld Praxis, die sich als interpersonale Bedingungen auf das berufliche Handeln des Supervisanden auswirken. Es geht um die Definition der eigenen Position in Situationen und Beziehungen.

Lernbereich: Institutionelle Einbindung und gesellschaftlicher Bezug

Dieser Lernbereich bezieht sich auf die Wahrnehmung der eigenen Position und Rolle in strukturell-funktionalen Zusammenhängen des Praxisfeldes, vor allem also auf Bedingunfsfaktoren des Außenfeldes Praxis, die sich auf das berufliche Handeln des Supervisanden auswirken, aber nicht ausschließlich in zwischenmenschlichen Beziehungen ihren Ursprung haben.

Lernbereich: Verselbständigung und Transfer

Dieser Lernbereich bezieht sich auf die Ablösung des Supervisanden. Supervisionabhängige Reflektion soll in supervisionsunabhängiges Handeln umgesetzt werden.

Die Lernbereiche durchziehen den gesamten Supervisionsprozeß. Die Reihenfolge, in der die Lernbereiche zur Anwendung kommen, ist nicht festgelegt. Sie richtet sich nach dem dargestellten Praxismaterial, der Situation der Supervisanden u. den Supervisionsphasen.

Für den Supervisor bieten die Lernbereiche differenzierte Kriterien für eine umfassende und systematische Reflektion.

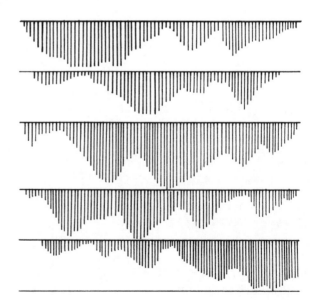

Lernbereich:

Selbstkenntnis

Lernbereich:

Theorie und

berufliches Handeln

Lernbereich:

Kommunikation und
Interaktion mit
Adressaten, Mitarbeitern
und innerhalb der
Supervision

Lernbereich:

Institutionelle Einbin-
dung und gesellschaft-
licher Bezug

Lernbereich:

Verselbständigung
und
Transfer

2.7. Die Arbeitsbeziehung in der Supervision

Die Beziehung zwischen Supervisor und Supervisand wird in diesem Handlungsmodell als eine Arbeitsbeziehung verstanden.

In dieser Beziehung ist ein Gefälle vorhanden, das wesentlich auf der Sachkompetenz des Supervisors beruht und ihm ein hohes Maß an Beeinflussungsmöglichkeiten und Macht gibt.

Es soll damit nicht zum Ausdruck gebracht werden, daß der Supervisand »machtlos« wäre. Auch er hat Persönlichkeitsstärken und -schwächen, Fachkenntnisse, Praxiserfahrungen, Institutionskenntnisse und ggf. Informationen über den Supervisor.

Die »schwächere Position« des Supervisanden in der Arbeitsbeziehung ergibt sich aus dem Angewiesensein auf die Sachkompetenz des Supervisors bezüglich der Realisierung seines Supervisionsanliegens.

Darin ist ein umfassendes Konfliktpotential für die Arbeitsbeziehung enthalten. Es kann sich verselbständigen und vom Gegenstand der Supervision ablenken und wegführen. Ablenkungen und Verselbständigungen sind:

Soziale und therapeutische Spiele

(z. B. »IBISU« = Ich bin Supervisor!)
(»SISIWUS = Sie sind ein wunderbarer Supervisor)
(vgl. Berne, 1976, S. 204 ff.)

Machtmißbrauch

(z. B. Der Supervisor realisiert private Bedürfnisse über die Supervisionsbeziehung)

Machtgerangel

(z. B. Wer ist der »zweitstärkste« in der Supervision?)

Harmonisierung und Anpassung

(z. B. »Ich bin Ihnen dankbar, daß Sie mir dieses aufzeigen!«)

Rollenfixierung

(z. B. Experte, Führer, Clown, Sündenbock)

Kritikangst

(z. B. »ich kritisiere dich nicht — kritisiere du mich auch nicht«)

Flucht in Ideologisierung/Politisierung

(z. B. »die Strukturen sind an allem Schuld!«)

Das alles sind Versuche, den Supervisor in eine schwächere Position zu drängen, um das Angewiesensein erträglicher zu machen.

Gelingt es dem Supervisor und dem Supervisanden, das Machtgefälle in der

Arbeitsbeziehung als gegeben zu akzeptieren, dann kann es für die Lernsituation genutzt werden.

Die Tatsache, daß Supervision eine Arbeitsbeziehung ist, bedingt eine Rollenzuschreibung und ein Machtgefälle. Je nach Art der Machtbedürfnisse, der Beziehungsbedürfnisse und der Beziehungswünsche, die durch Persönlichkeitsfaktoren und Sozialisation entwickelt wurden, wird die Arbeitsbeziehung von Supervisor und Supervisand gestaltet.

Aufgrund des durch die Rollenzuschreibung vorhandenen Gefälles hat der Supervisor die größeren Möglichkeiten, dieses Gefälle aufrecht zu erhalten und Bedürfnisse zu realisieren, die ihm wichtig sind, aber den Supervisanden in seiner untergeordneten Rolle halten.

Indem er seine Bedürfnisse nach Macht, Anerkennung und Zuwendung über den Supervisanden abhandelt, gerät er in eine emotionale Betroffenheit, die zu einer Vermischung seiner Anliegen mit denen des Supervisanden führt.

Seine Interventionen und Vorgehensweisen können dann nicht mehr ausschließlich auf die Anliegen des Supervisanden gerichtet sein.

Definiert der Supervisor eine solche Beziehungsgestaltung als eine Berufliche, mißbraucht er das Gefälle, wenn die supervisionsbedingte Rollenzuschreibung nicht aufgehoben wird.

Der Mißbrauch der Arbeitsbeziehung in der Supervision verstärkt Selbstentwertungstendenzen und die Stabilisierung von Minderwertigkeitserleben beim Supervisanden. Dies liegt ebensowenig in der Zielrichtung von Supervision wie die Verfestigung eines Abhängigkeitsgefälles zwischen Supervisand und Supervisor.

Durch situationsbezogenes Erleben und Reflektieren von positiven und negativen Machtverwirklichungen und Abhängigkeiten zwischen Supervisand und Supervisor werden Selbstentwertungen und Minderwertigkeiten auf eine realistische Ebene gebracht und die Auseinandersetzung damit möglich. Abhängigkeitsgefälle verfestigt sich nicht und situationsgebundene Gleichwertigkeit wird erlebbar.

Während der Darstellung von Praxismaterial innerhalb der Supervision muß der Supervisor sensibel sein für die Abläufe und Botschaften auf der Inhaltsebene *und* Beziehungsebene. Er muß das angebotene Material auf kognitive und emotionale Inhalte und Beziehungsangebote hin entschlüsseln.

Ebenso muß er sich selbst kontrollieren (Eigensensibilität, Selbstwahrnehmung und Feedback durch Supervisanden) bezüglich seiner Botschaften, die er auf der Inhalts- und Beziehungsebene dem jeweiligen Supervisanden sendet.

Die Aufmerksamkeit auf beiden Ebenen ist die Voraussetzung für das Erkennen von vorhandenem Konfliktpotential in der Arbeitsbeziehung. Sie bildet den Zugang zur Reflektion von Bedingungszusammenhängen im beruflichen Handeln des Supervisanden und ermöglicht ein situatives Ausagieren auf der

Beziehungsebene. Der Umgang mit Macht und Abhängigkeit wird somit aufgedeckt, in den Interaktionen konkret erlebbar und für den Supervisanden auf sein berufliches Handeln übertragbar. Eine Diskussion auf abstrakter Ebene ist dann bestenfalls ein Einstieg in die Umstrukturierungsarbeit der Supervision, auf keinen Fall aber die Umstrukturierungsleistung selbst.

3. Der Gegenstand und die Vorgehensweise in den Supervisionsphasen

Für die Reflektion und Auseinandersetzung innerhalb der Supervision ist Material aus der Praxis des Supervisanden erforderlich.

Die einzelnen Supervisanden bringen dieses Material ein und stellen es in der Supervision vor.

Das Außenfeld Praxis ist durch den Supervisanden innerhalb der Supervision **mittelbar** repräsentiert.

So erleben Supervisor und Mitsupervisanden berufliches Handeln nicht durch Anschauung, sondern über die subjektive und selektive Darstellung eines Supervisanden.

Der darstellende Supervisand wird von den Supervisionsbeteiligten **unmittelbar** erlebt.

Durch die Distanz zur Praxis, die häufig als ein Defizit von Supervision beklagt wird, gelingt der Zugang zu den Bedingungsfaktoren des Binnenfeldes der Person des darstellenden Supervisanden.

Indem er sein berufliches Handeln einbringt, kommen sein Erleben, seine Bewertungen, sein Kommunikations- und Konfliktverhalten zum Ausdruck.

Die wechselseitigen Beeinflussungen von Binnenfeld Person und Außenfeld Praxis, die das berufliche Handeln strukturieren, können so aufgezeigt werden.

Dabei durchläuft der Gegenstand der Supervision drei Phasen, und zwar die Orientierungsphase, die Differenzierungsphase und die Umstrukturierungsphase.

In allen Phasen geht es um Informationsgewinnung über die Bedingungsfelder Binnenfeld Person, Außenfeld Praxis und den Bedingungszusammenhang.

Der Umgang mit dem Gegenstand hat jedoch phasentypische Schwerpunkte.

In der **Orientierungsphase** liegt der Schwerpunkt der Vorgehensweise auf einer ausführlichen Darstellung der beruflichen Interaktionen, um so eine breite Informationsgewinnung über den Gegenstand zu erreichen.

In der **Differenzierungsphase** liegt der Schwerpunkt der Vorgehensweise auf der Besprechung der Diskrepanzen, die sich aus der Selbstdarstellung und der Fremdwahrnehmung ergeben. Anhand des eingebrachten Praxismaterials werden unterschiedliche Erlebens- und Verhaltensweisen der Supervisanden in ihrer Auswirkung auf das berufliche Handeln hin befragt und auf Umstrukturierungsmöglichkeiten hin besprochen.

Der Gegenstand gerät in die Spannung von Darstellung und Wahrnehmung.

In der **Umstrukturierungsphase** liegt der Schwerpunkt der Vorgehensweise auf der Konkretisierung von Umstrukturierungswünschen und deren Realisierung in der Praxis.

Der Gegenstand wird auf bestimmte Zielkonkretisierungen hin akzentuiert und in der Praxis realisiert.

Die Vorgehensweise in allen Phasen ist bedingt durch die Tatsache der Mittelbarkeit der Praxis und der Unmittelbarkeit des darstellenden Supervisanden.

Die Notwendigkeit, Informationen zu gewinnen, Wahrnehmungen zu erweitern und Bedingungszusammenhänge zu verändern, prägt die Phasen und die phasentypischen Handhabungen des Gegenstandes.

3.1. Die Informationsgewinnung in der Orientierungsphase

Die Anlaufphase für den Supervisionsprozeß wird in diesem Handlungsmodell als Orientierungsphase bezeichnet.

Den Einstieg in diese Phase bilden Arbeitsabsprachen für den Supervisionsverlauf.

Im Zusammenhang der Absprachen über Supervisionsvorstellungen und -inhalte werden vor allem auch Motivationen zur Supervision besprochen.

Ebenso werden *formale Bedingungen,* wie zeitlicher Umfang des Supervisionsverlaufes und der Supervisionssitzungen, Häufigkeit und zeitlicher Abstand der Supervisionsgespräche, Ort der Treffen und Finanzierungsfragen abgeklärt.

Der Schwerpunkt der Orientierungsphase liegt eindeutig auf der *Informationsgewinnung,* vor allem im Blick auf die Einstellung des Supervisanden zur Supervision und zu seinem Praxisfeld, seiner Zielgruppe und seiner Institution.

Im weiteren Verlauf dieser Phase werden Fragen des Supervisanden bezüglich des Supervisionskonzeptes, der Zielsetzungen und der Vorgehensweise des Supervisors aufgegriffen.

Es ist erforderlich, daß der Supervisor einen Einblick in sein Selbst- und Handlungsverständnis gibt. Unterschiedliche **Einstellungen** werden dabei anschaulich und damit zusammenhängende **Erwartungen** können geklärt werden. Auftretende Diskrepanzen zwischen Supervisand und Supervisor müssen auf »Überbrückbarkeit« hin geprüft werden. Auf der Basis dieser Ab- und Aussprachen wird von allen Supervisionsbeteiligten entschieden, ob sie miteinander arbeiten wollen und einen gemeinsamen Supervisionsprozeß wünschen.

Die phasentypische Anwendung der Interventionsansätze bezieht sich auf eine breite Informationsgewinnung über die Supervisionsbeteiligten. Dies beinhaltet:

- ☐ Fragen stellen
- ☐ Fragen beantworten
- ☐ Unsicherheiten zulassen und ansprechen
- ☐ Vertrauen für ein gemeinsames »Lernen« entwickeln
- ☐ Bereitschaft für offene Kommunikation anstreben
- ☐ »Macht- und Einflußgefälle« zwischen Supervisor und Supervisanden thematisieren
- ☐ Subjektivität und Selektion in der Darstellung und Wahrnehmung als Ausgangsbedingungen zulassen
- ☐ Die Mittelbarkeit der Praxis und die Unmittelbarkeit der Person des Supervisanden innerhalb der Supervision als Supervisionsbedingung anerkennen und nutzen

Insgesamt soll in dieser Phase die Anerkennung der Supervisionsbedingungen erreicht und eine emotionale Arbeitsbasis für den weiteren Supervisionsverlauf geschaffen werden.

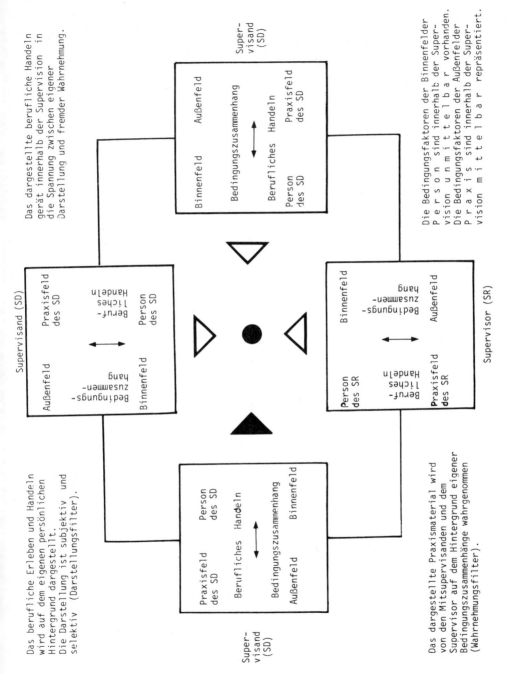

Das dargestellte berufliche Handeln gerät innerhalb der Supervision in die Spannung zwischen eigener Darstellung und fremder Wahrnehmung.

Supervisand (SD)

Außenfeld   Binnenfeld

Bedingungszusammenhang

Berufliches Handeln

Person des SD   Praxisfeld des SD

Die Bedingungsfaktoren der Binnenfelder P e r s o n sind innerhalb der Supervision u n m i t t e l b a r vorhanden. Die Bedingungsfaktoren der Außenfelder P r a x i s sind innerhalb der Supervision m i t t e l b a r repräsentiert.

Das berufliche Erleben und Handeln wird auf dem eigenen persönlichen Hintergrund dargestellt. Die Darstellung ist subjektiv und selektiv (Darstellungsfilter).

Supervisand (SD)

Außenfeld   Praxisfeld des SD

Beruf-liches Handeln

Bedingungs-zusammen-hang

Binnenfeld

Person des SD

Supervisor (SR)

Binnenfeld

Bedingungs-zusammen-hang

Person des SR   Außenfeld

Beruf-liches Handeln

Praxisfeld des SR

Super-visand (SD)

Praxisfeld des SD   Person des SD

Berufliches Handeln

Bedingungszusammenhang

Außenfeld   Binnenfeld

Das dargestellte Praxismaterial wird von den Mitsupervisanden und dem Supervisor auf dem Hintergrund eigener Bedingungszusammenhänge wahrgenommen (Wahrnehmungsfilter).

3.2. Die Spannung zwischen Darstellung und Wahrnehmung in der Differenzierungsphase

Der Gegenstand der Supervision ist das Praxismaterial in seiner **subjektiven und selektiven Darstellung** durch den Supervisanden.

Das so kommunizierte Material wird Mittelpunkt der Betrachtungen und bildet eine Grundlage für die Umstrukturierungsarbeit.

Um jedoch Umstrukturierungen gezielt vornehmen zu können, wird in der Differenzierungsphase am eingebrachten Material vor allem im Hinblick auf **Wahrnehmungserweiterung** gearbeitet.

Interventionen des Supervisors haben zu diesem Zeitpunkt über die Informationsgewinnung hinaus die Zielrichtung, Diskrepanzen im Wahrnehmen, Erleben und Darstellen auf beiden Seiten aufzuzeigen.

Anhand des eingebrachten Praxismaterials werden also unterschiedliche Erlebens- und Verhaltensweisen der Supervisanden in ihrer Auswirkung auf das berufliche Handeln hin befragt, hinterfragt, verarbeitet.

Diese Ausdifferenzierung führt zu Formulierungen von Umstrukturierungswünschen, Umstrukturierungsmöglichkeiten und Umstrukturierungsnotwendigkeiten.

Die Aufmerksamkeit und Konzentration von Mitsupervisanden und Supervisor richten sich auf das dargestellte Praxismaterial und die darin vorfindbare berufliche Interaktion des darstellenden Supervisanden.

Für die Mitsupervisanden und den Supervisor sind wahrnehmbar:

☐ die dargestellten Inhalte

☐ die Art und Weise der Darstellung dieser Inhalte

☐ die Kommunikation und Interaktion des darstellenden Supervisanden in der aktuellen Supervisionssituation und in der geschilderten Praxissituation

Die kommunikative und interaktionelle Reaktion auf den agierenden Supervisanden (innerhalb der aktuellen Supervisionssituation) ist bedingt durch:

☐ den Vergleich mit eigenen Praxiserfahrungen

☐ den Vergleich mit eigenen Vorgehensweisen in solchen Situationen

☐ die Definition (ausgeprochener und/oder unausgesprochenermaßen) der Beziehung zum vortragenden Supervisanden

Die Kommunikation und Interaktion der Wahrnehmungsinhalte und des Wahrnehmungserlebens beinhalten bereits Feedbackanteile und innovieren eine Wahrnehmungserweiterung für alle Supervisionsbeteiligten.

Der Gegenstand der Supervision gerät aufgrund der subjektiven und selektiven Darstellung und Wahrnehmung in die Spannung unterschiedlichen Erlebens.

Daß Selbstdarstellung und Fremdwahrnehmung übereinstimmen oder diskrepant erlebt und als solche an- und ausgeprochen werden, ist vor allem in der Differenzierungsphase Aufgabe des Supervisors.

Durch die Fokussierung auf den Bedingungszusammenhang und/oder die darin zum Tragen kommenden Bedingungsfaktoren (Binnenfeld Person, Außenfeld Praxis) ergeben sich neue Konstellationen des Bedingungszusammenhanges und somit eine Ausdifferenzierung des Gegenstandes der Supervision.

Möglichkeiten *für* Umstrukturierungen und Notwendigkeiten *von* Umstrukturierungen werden deutlich.

Die Art und Weise der Gegenüberstellung von Bedingungsfaktoren aus gleichen oder unterschiedlichen Bedingungsfeldern muß nicht ausschließlich »konfrontativ« und »direkt« sein. Es hängt vielmehr von dem Interventionsspektrum des Supervisors und der Aktivität der Supervisanden untereinander ab, einen angemessenen Weg zu finden.

Eine neue Konstellation des Bedingungszusammenhanges führt zur Wahrnehmungserweiterung und zu weiteren Umstrukturierungswünschen.

Der Vorgang der Gegenüberstellung von Bedingungsfaktoren in den oben geschilderten Konstellationen ist innerhalb der Supervision nicht nur in dieser bewußten und direkten Vorgehensweise vorhanden. Gerade in den Anfangsphasen der Supervision (Orientierungsphase, Differenzierungsphase) läuft der Vorgang der Gegenüberstellung von Bedingungsfaktoren sehr häufig in indirekter und unbewußter Weise ab.

Solche vorhandenen aber unaufgedeckten Korrespondenzen und Diskrepanzen von Bedingungsfaktoren sind für den Supervisor und die Supervisanden an Konflikten, Ablehnungen, Blockaden, Meinungsverschiedenheiten, Harmonisierungen, übersensiblen Reaktionen und an anderem Kommunikations- und Interaktionsverhalten zu erkennen.

Für den Supervisor werden solche unaufgedeckten Korrespondenzen und Diskrepanzen von Bedingungsfaktoren in gezielter und beabsichtigter Form (siehe Interventionsansätze) handhabbar, wenn er sie per Interventionen innerhalb der Supervision von der Intrapsyche und/oder Beziehungsebene auf die Inhaltsebene transferiert.

Eine Form der Offenlegung auf der Inhaltsebene ist die Verbalisierung vorhandener Identifikationen und Gegenidentifikationen.

Dadurch werden vorhandene aber unaufgedeckte Korrespondenzen und Diskrepanzen verschiedener Bedingungsfaktoren thematisierbar.

Die Aufdeckung und Offenlegung von Korrespondenzen und Diskrepanzen verschiedener Bedingungsfaktoren und Bedingungsfelder führt zur Thematisierung der Spannung zwischen Darstellung und Wahrnehmung, zwischen dem Selbsterleben und Fremderleben.

Ein Supervisand berichtet aus seiner beruflichen Praxis.

Seine begründeten oder unbegründeten Ängste, seine Wertungen und Vorstellungen bewirken einerseits eine »Darstellungssperre« vor den Supervisionsbeteiligten und sind andererseits Ursachen für »Wahrnehmungsausfälle« und »Wahrnehmungsverzerrungen« in der beruflichen Interaktion und behindern ihn in der Interpretation **von** oder am Zugang **zu** Fakten, die sich auf sein berufliches Handeln auswirken.

Das bedeutet für den Supervisor, daß er davon ausgehen muß, daß der Supervisand Praxissituationen

☐ wahrnimmt und sie darstellt

☐ wahrnimmt und sie nicht darstellt

☐ nicht wahrnimmt und sie nicht darstellen kann.

Themen, Probleme und/oder Konflikte werden vom Supervisanden aus sehr unterschiedlichen bewußten und unbewußten Beweggründen, irrationalen Annahmen und Bewertungen wahrgenommen, aber nicht dargestellt, nicht wahrgenommen und somit auch nicht dargestellt.

Dieses Verhalten im Umgang mit Material muß der Supervisor berücksichtigen, falls Umstrukturierungswünsche zum Ziel führen sollen.

Für seine Arbeit innerhalb dieser Phase ist die Vermittlung von Einsicht in und die Kenntnis der Folgen durch ein solches Verhalten im Umgang mit Praxismaterial erforderlich.

Nicht dargestellte oder nicht wahrgenommene Fakten setzen Bedingungen, die, solange sie nicht reflektiert und mitberücksichtigt werden, eine unkontrollierbare Wirksamkeit haben.

Durch die Darstellungs- und Wahrnehmungsarbeit am Praxismaterial und die Anwendung der Interventionsansätze innerhalb der Differenzierungsphase wird die Art und Weise von Informationsgewinnung und Informationsverarbeitung, die Interpretation von Bedingungsfaktoren und Bedingungszusammenhängen deutlich, da die Darstellung neben objektiven auch subjektive Anteile enthält.

Die Intention dieser Vorgehensweise ist es, unkritisches und unsensibles Umgehen mit Bedingungen zu hinterfragen und Wahrnehmung zu erweitern.

Ziel der Interventionen in der Differenzierungsphase ist es:

☐ Umstrukturierungswünsche, die sich auf ein erlebtes und benanntes Defizit innerhalb des beruflichen Handelns begründen, herauszuarbeiten, Aufarbeitungsmöglichkeiten aufzuzeigen und Aufarbeitungsziele zu benennen.

☐ Umstrukturierungswünsche herauszuarbeiten und Entwicklungsmöglichkeiten und Entwicklungsziele zu formulieren, die sich auf ein erlebtes und benanntes Potential beziehen, das für berufliches Handeln noch nicht verfügbar ist.

☐ Umstrukturierungsmöglichkeiten bezüglich nicht erkannter Defizite oder nicht erkanntem Potentials aufzuzeigen, um Auswirkungen abschätzen und einplanen zu können, die im beruflichen Handeln relevant werden.

Der Weg von der unreflektierten Wirksamkeit von Bedingungsfaktoren im Bedingungszusammenhang führt zu der reflektierten Wirksamkeit von Bedingungszusammenhängen und der kontrollierten Veränderung durch den Supervisanden.

Durch die Umschichtung von wirksamem in wahrnehmbares und wahrnehmbarem in darstellbares Material entsteht auf den drei Materialebenen eine Grundlage für die Umstrukturierungsarbeit.

Der veränderte oder gewollt nicht veränderte Umgang im Praxisfeld ist für den Supervisanden kontrollierbar.

Die Materialebenen und die Reflektion
im Blick auf den Gegenstand der Supervision
und die Phasen des Supervisionsprozesses

im Praxisfeld und
innerhalb
der Supervision:

wirksam
wirksam
wirksam

▽ ▼ ▼

im Praxisfeld und
innerhalb
der Supervision

innerhalb
der Supervision

Bedingungsfaktoren (Binnenfeld Person und
Außenfeld Praxis) und Bedingungszusammenhänge im beruflichen Handeln des Supervisanden

wahrgenommen	dargestellt
wahrgenommen	nicht dargestellt
nicht wahrgenommen	nicht darstellbar

▽ ▼ ▼

innerhalb
der Supervision

auf das
Praxisfeld

transparent und reflektierbar	kontrolliert umsetzbar
nicht transparent und nicht reflektierbar	teil-kontrolliert umsetzbar
nicht transparent und nicht reflektierbar	nicht kontrollierbar umzusetzen

▽ ▽ ▼

im Praxisfeld und
innerhalb
der Supervision

wirksam
wirksam
wirksam

DIFFERENZIERUNGSPHASE

UMSTRUKTURIERUNGSPHASE

80

Zusammenfassung:

Der Schwerpunkt der Differenzierungsphase liegt auf der *Darstellung und Wahrnehmung* von Material aus der mittelbaren Praxis und der unmittelbaren Präsenz des Supervisanden in der Supervision. Durch Übereinstimmungen und/oder Diskrepanzen zwischen der Darstellung durch den Supervisanden und der Wahrnehmung durch die Mitsupervisanden und den Supervisor ergeben sich Auseinandersetzungen und Wahrnehmungserweiterungen.

Im weiteren Verlauf dieser Phase werden durch den ständig beabsichtigten und verwirklichten Darstellungs- und Wahrnehmungsprozeß, Bedingungsfaktoren und Bedingungszusammenhänge des Praxismaterials transparent. Die Subjektivität und Selektivität in der Darstellung und Wahrnehmung, im Selbsterleben und Fremderleben, führt zu

- ☐ Feedbackprozessen

- ☐ differenzierterer Darstellung von Problemen, Konflikten und/oder Schwierigkeiten im Praxisfeld und im beruflichen Handeln der Supervisanden

- ☐ Auseinandersetzung mit den Bedingungsfaktoren und ihrer Wirksamkeit im Bedingungszusammenhang

und bildet die Ausgangsbasis für das Erkennen und Formulieren von *Umstrukturierungswünschen* und *Zieleinstellungen*.

Die phasentypische Anwendung der Interventionsansätze bezieht sich auf die differenziertere Materialdarstellung, präzisere Wahrnehmung und Motivation zur Umstrukturierung von Bedingungszusammenhängen des beruflichen Handelns.

Dies beinhaltet:

- ☐ dargestelltes Praxismaterial hinterfragen

- ☐ Wertungen infrage stellen und aufdecken

- ☐ Darstellungs- und Wahrnehmungssperren thematisieren

- ☐ Problem- und/oder Konfliktanfälligkeiten reflektieren

- ☐ Selbstentwertungen und/oder -überwertungen im beruflichen Handeln problematisieren

- ☐ Vorgehensweisen im Praxisfeld auf Zusammenhänge hin durchleuchten

- ☐ wirksame und unwirksame Bedingungsfaktoren aufspüren

- ☐ Defizite und Potential überprüfen

- ☐ direkte Kommunikation fördern

- ☐ Konfrontation mit anderen Bedingungsfaktoren zulassen und nutzen

- ☐ Umstrukturierungswünsche und Zieleinstellungen erkennen und benennen

Insgesamt soll der Supervisand in dieser Phase für wirksame und unwirksame, beachtete und unbeachtete Bedingungsfaktoren im Bedingungszusammenhang des beruflichen Handelns sensibilisiert werden. Umstrukturierungswünsche und Zieleinstellungen für Aufarbeitungs- und Entwicklungsziele sollen erkennbar, benannt und für die Umstrukturierungsarbeit akzeptiert werden.

3. 3. Die Akzentuierung und Zielkonkretisierung in der Umstrukturierungsphase

In dieser Phase des Supervisionsprozesses geht es um die akzentuierte Betrachtung, Reflektion und Bearbeitung des Bedingungszusammenhanges des beruflichen Handelns. Es wird an der Realisierung von Umstrukturierungswünschen, Umstrukturierungsmöglichkeiten und Umstrukturierungsnotwendigkeiten, die sich in der Differenzierungsphase gezeigt haben, gearbeitet.

In der Orientierungsphase kam es zunächst auf die Darstellung von Praxismaterial an. Dabei lag der Schwerpunkt der Informationsgewinnung auf der Motivation und der Einstellung des Supervisanden zur Supervision, sowie auf dem Praxisfeld, der Institution und den Zielgruppen des Supervisanden.

Im Hinblick auf die Umstrukturierungsarbeit wurde also während der Orientierungsphase Material gesucht, erschlossen, gefunden und gesammelt.

In der Differenzierungsphase kam es zur Wahrnehmungserweiterung bezüglich des Binnenfeldes Person, des Außenfeldes Praxis und des Bedingungszusammenhanges.

Das wahrgenommene und dargestellte Praxismaterial wurde durch Ausdifferenzierung und Besprechung der Diskrepanzen um zwei Materialebenen erweitert, die für die Zielkonkretisierung und Zielrealisierung in der Umstrukturierungsphase aufgrund ihrer Wirksamkeit mitberücksichtigt werden müssen.

Praxismaterial wird:

Materialebene I	wahrgenommen	dargestellt
Materialebene II	wahrgenommen	nicht dargestellt
Materialebene III	nicht wahrgenommen	nicht dargestellt

Die Materialebenen II und III ergeben sich aus dem wahrgenommenen und dargestellten Praxismaterial und sind zunächst mittelbares Material, das sich über die Bearbeitung des unmittelbar eingebrachten Materials erschließen läßt. Sie werden im fortschreitenden Supervisionsprozeß durch

- ☐ Art und Weise der Darstellung
- ☐ Schlußfolgerungen
- ☐ Bewertungen
- ☐ Vorgehensweisen
- ☐ Verarbeitungsformen
- ☐ emotionale Betroffenheit/Gelassenheit
- ☐ Körperreaktionen/nonverbales Verhalten

gewonnen.

Die Besprechung des so mittelbar erschlossenen Materials verursacht zum einen die Einsicht in Umstrukturierungsmöglichkeiten und Umstrukturierungsnotwendigkeiten.

Zum anderen bewirkt die Einarbeitung solchen Materials in das momentan dargestellte Praxismaterial eine Veränderung in der Darstellung weiteren Materials und einen veränderten Umgang in künftigen Praxissituationen.

Die veränderte Vorgehensweise des Supervisanden in und mit Praxissituationen bewirkt eine veränderte Reaktion seines Außenfeldes Praxis. Diese wirkt auf ihn zurück und ermöglicht, falls die Schrittgröße für die Zielkonkretisierung richtig bemessen war und die Bedingungen, unter denen der Supervisand steht, richtig diagnostiziert wurden, eine Zielrealisierung und eine Erweiterung im Wahrnehmungs- und Darstellungsvermögen auf die zweite und dritte Materialebene hin.

So kann bis dahin wahrgenommenes, aber nicht dargestelltes bzw. nicht wahrgenommenes und somit nicht darstellbares Material in den Umstrukturierungsprozeß mit einbezogen werden.

Für dieses Handlungsmodell wurden Lernbereiche konstruiert, die es ermöglichen, zielorientiert und situativ vorzugehen, so daß eine Balance zwischen der Arbeit am »Zielkatalog« und der vom Supervisanden *aktuell* eingebrachten Situation möglich wird.

Ein bereits vorher in der Orientierungs- und Differenzierungsphase festgeschriebener Zielkatalog verhindert möglicherweise Zielkonkretisierungen, die sich dynamisch dem jeweiligen Entwicklungsstand des Supervisanden anpassen.

Eine ausschließlich situative Vorgehensweise würde eine Suchbewegung darstellen und wohl kaum die Phase der Umstrukturierung erreichen.

Bezieht sich Supervision lediglich auf einzelne angebotene Situationen und damit verbundene Materialeingaben, so reflektiert sie mehr oder weniger zufällig Bedingungszusammenhänge des beruflichen Handelns.

Die Balance zwischen Zielkatalogisierung und eingebrachter aktueller Situation wird in diesem Handlungsmodell durch die Anwendung der Lernbereiche erreicht.

Der jeweilige Lernbereich akzentuiert Teilaspekte des Bedingungszusammenganges, nimmt bereits angebahnte Zielvorstellungen auf und stellt sie in einen breiteren Auseinandersetzungszusammenhang und Wahrnehmungsraum. Dadurch werden weitere und differenzierte Zielkonkretisierungen für den einzelnen Supervisanden in diesem Lernbereich möglich.

Lernbereiche:

Lernbereich: Selbstkenntnis

Lernbereich: Theorie und berufliches Handeln

Lernbereich: Kommunikation und Interaktion mit Adressaten, Mitarbeitern und innerhalb der Supervision

Lernbereich: Instititionelle Einbindung und gesellschaftlicher Bezug

Lernbereich: Verselbständigung und Transfer

Der Gegenstand der Supervision
in der Akzentuierung innerhalb
der Lernbereiche und in der Umschichtung von nicht transparente
in transparente Anteile

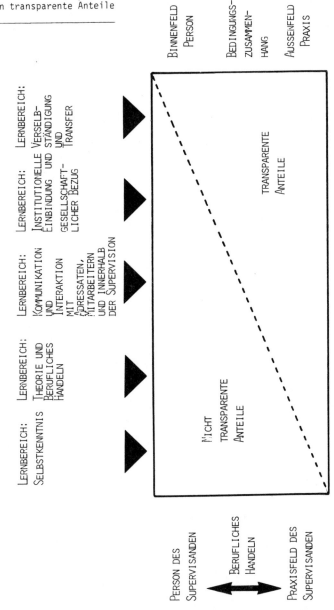

Lernbereich: Selbstkenntnis

Dieser Lernbereich akzentuiert die Biografie und Sozialisation des Supervisanden und den Bezug der eigenen Persönlichkeit auf die berufliche Praxis.

Insgesamt geht es um die aus der Persönlichkeit resultierenden Sensibilitäts-, Wahrnehmungs- und Handlungsmuster in der Auseinandersetzung mit eigenen Bedürfnissen, Interessen, Ziel-, Wert- und Normvorstellungen.

Beabsichtigt ist eine Sensibilität für und Einsicht in Wirksamkeit und Auswirkung der Bedingungsfaktoren des »Binnenfeldes« des Supervisanden. Es geht um den Bezug dieser Bedingungsfaktoren zur eigenen beruflichen Realität.

Folgende Fragen sind innerhalb dieses Lernbereichs wirksam und weiterführrend: □ Wie werde ich gesehen?

□ Wie möchte ich gesehen werden?

□ Wie sehe ich mich selbst?

□ Welche Stärken und Schwächen habe ich?

□ Welche Motivationen und Einstellungen stelle ich bei mir fest? Woran wird mir das deutlich?

□ Wie schätze ich meine Belastbarkeit ein?
Welche Erlebnisse kann ich dazu schildern?

□ Welche Probleme und/oder Konflikte innerhalb des Praxisfeldes machen mir zu schaffen?
Welche Zusammenhänge sehe ich zu meiner Persönlichkeit?

□ Welche Probleme und/oder Konflikte innerhalb des Praxisfeldes sind für mich leicht anzugehen?
Welche Zusammenhänge sehe ich zu meiner Persönlichkeit?

□ Welche persönlichen Bedürfnisse, Ziele und Interessen sind mir besonders wichtig?

□ Welche persönlichen Bedürfnisse, Ziele und Interessen hätte ich gern, kann sie aber bei mir nicht feststellen?

□ Was macht mir im Praxisfeld Angst?
Wie macht sich das bei mir bemerkbar?

□ Welchen Beruf würde ich gerne ausüben, wenn ich nicht im sozialen Arbeitsfeld wäre? Warum?

□ Welche Internalisierungen stelle ich bei mir fest?
Welche nicht?

□ Welche Selbstentwertungstendenzen erkenne ich bei mir?

Weitere Fragen:

Es geht um die reale Wahrnehmung und Einschätzung der eigenen Persönlichkeit in der Einbindung in und Auswirkung auf das Praxisfeld.

Lernbereich: Theorie und berufliches Handeln

Dieser Lernbereich akzentuiert

☐ vorhandene, umsetzbare und nichtumsetzbare Theorie aus unterschiedlichen Fachbereichen

☐ Theoriebildung aus eigener Praxiserfahrung und Informationsgewinnung

Insgesamt geht es um die Frage, aus welchen theoretischen, pragmatischen und persönlichen Bezügen der Supervisand sein Handlungsverständnis für seine berufliche Interaktion innerhalb seines Praxisfeldes ableitet.

Beabsichtigt ist eine Sensibilität für praxisfeldrelevante Theorien und Informationen und für eigene Neigungen, Motivationen, Fähigkeiten, Fertigkeiten und Umsetzungsansätze.

Folgende Fragen sind innerhalb dieses Lernbereiches wirksam und weiterführend:

☐ Welche Theorien im Blick auf mein berufliches Handeln kenne ich?

☐ Welche Theorien gefielen mir gut? Was konnte ich für meine Praxis verwenden?

☐ Welche Theorien halte ich für völlig unbrauchbar?
Warum?

☐ Was hindert mich am »Experimentieren« mit neuen bzw. mir nicht bekannten Theorien und deren methodische Ansätze in meinem Praxisfeld?

☐ Welche Theorien kenne ich nicht? Welche sind für mich vor allem in Bezug auf mein Praxisfeld »tabu«? Warum?

☐ Welche Erfahrungen habe ich bei der Anwendung mir vorher nicht bekannter Methoden gemacht?

☐ Wie »risikobereit« bin ich bei der Umsetzung von Methoden?

☐ Wie »umständlich« bin ich bei der Anwendung mir nicht vertrauter Methoden?
Worauf führe ich das zurück?

☐ Welche »methodischen Steckenpferde« habe ich?
Was ist mir daran so wichtig?

☐ Wie »einseitig oder vielseitig« bin ich in meiner Theoriekenntnis?

☐ Gibt es für mich Zusammenhänge zwischen Ideologie, Theorie und Praxis?

☐ Welche »Interpretationsmodelle« habe ich für Problem- und Konfliktzusammenhänge bei einzelnen und Gruppen?
Wie gehe ich mit solchen Interpretationen um?

- [ ] Warum interpretiere ich so schnell? Warum nie?
- [ ] Womit begründe ich mein berufliches Handeln?
- [ ] Wie bilde ich mir aus meinen Praxiserfahrungen meine Theorie?
- [ ] Wieso meine ich, daß mir für mein berufliches Handeln noch soviel an theoretischer und methodischer Kenntnis fehlt?
- [ ] Welche »Theorieschwächen und/oder -stärken« kann ich zugeben? Welche nicht? Was bedeutet das?

Weitere Fragen:

Es geht um die Bewußtmachung von genutzten und ungenutzten Theorie- und Methodenangeboten und um die Eigenentwicklung von Theorie- und Anwendungswissen.

Lernbereich: Kommunikation und Interaktion mit Adressaten, Mitarbeitern und innerhalb der Supervision

Dieser Lernbereich akzentuiert die Art und Weise des Umgangs und die Vorgehensweise des Supervisanden im Hinblick auf die Adressaten, die Mitarbeiter im Praxisfeld und die Supervisionsbeteiligten.

Es geht um die Definition der eigenen Position in Situationen und Beziehungen. Gewünschte und ungewünschte Auswirkungen eigenen Verhaltens sollen einsichtig werden.

Beabsichtigt ist eine Sensibilität für und Einsicht in kommunikative und interaktionelle Zusammenhänge im Praxisfeld und innerhalb der Supervision, sowie die Einschätzung der eigenen Wirksamkeit in diesen Zusammenhängen.

In diesem Lernbereich wird die Kommunikation und Interaktion des Supervisanden im Blick auf

Adressaten und Klienten im Praxisfeld

Mitarbeiter, Kollegen und Vorgesetzte

Supervisionsbeteiligte innerhalb der Supervision

hinterfragt, weil sich zwischen diesen unterschiedlichen Konstellationen Übereinstimmungen und/oder Diskrepanzen ergeben, die für den Bedingungszusammenhang des beruflichen Handelns von Bedeutung sind.

Für die Akzentuierung auf den Kreis der **Adressaten und Klienten** sind in diesem Lernbereich folgende Fragen wirksam und weiterführend:

☐ Welche Ziele der Adressaten/Klienten sind mir bekannt? Welche nicht? Warum nicht?

☐ Welche Ziele aus der Adressaten-/Klientengruppe stimmen mit meinen Zielen überein? Welche nicht?

☐ Was bedeuten für mich Übereinstimmungen?

☐ Welche Erwartungen sind benannt/unbenannt an mich gerichtet? Wie gehe ich damit um?

☐ Wo und wie mache ich mir im Blick auf die Adressaten und Klienten etwas vor?

☐ Welche »Spiele« werden von Adressaten/Klienten mit mir »gespielt«? Woran wird mir das deutlich?

☐ Welche Erwartungen/Bedürfnisse der Adressaten/Klienten habe ich noch gar nicht wahrgenommen? Woran liegt das?

☐ Welche Erwartungen, Bedürfnisse und/oder Ziele meiner Adressaten/Klienten sind meinen Erwartungen, Bedürfnissen und/oder Zielen gegenläufig? Was bedeutet das für meine Praxis?

- [ ] Welche Beziehungen habe ich zu meinen Adressaten/Klienten? Solidarität? Ablehnung? Harmonisierung?
- [ ] Wie sehe ich die gesellschaftliche Einbindung meiner Adressaten-/Klientengruppe?
- [ ] Welche Urteile und/oder Vorurteile habe ich bezüglich der Adressaten/Klienten? Woran erkenne ich das?
- [ ] Welche Abhängigkeiten pflege ich?
- [ ] Welche Beziehungen haben Adressaten/Klienten zu mir? Woran wird mir das deutlich?
- [ ] In welcher gesellschaftlichen Einbindung sehen die Adressaten/Klienten mich? Woher weiß ich das?
- [ ] Welche Urteile und/oder Vorurteile haben die Adressaten/Klienten bezüglich meiner Person, Rolle und Institution? Woran erkenne ich das?
- [ ] Wie gestalten sich die Interaktionen innerhalb der Adressaten-/Klientengruppe? Wie wird das deutlich?
- [ ] Welche Position nehme ich ein bezüglich Solidarität, Ablehnung, Harmonisierung, Rivalisierung oder Kontaktlosigkeit der Adressaten/Klienten untereinander?

Weitere Fragen:

Es geht um die reale Einschätzung der Adressaten-/Klientensituation, der Beziehungen zu den Adressaten/Klienten und um die Überprüfung von Bedürfnissen, Erwartungen, Interessen, Zielvorstellungen und Problembereichen. Ableitbare Rollenzuschreibungen werden so für den Supervisanden erkennbar und handhabbar.

Für die Akzentuierung auf den Kreis der **Mitarbeiter, Kollegen und Vorgesetzten** sind innerhalb dieses Lernbereiches folgenden Fragen wirksam und weiterführend:

☐ Welche Ansprüche habe ich an meine Mitarbeiter, Kollegen und Vorgesetzte? Wie melde ich diese Ansprüche an?

☐ Welche Ansprüche sind an mich gerichtet?
Wie erfahre ich das?

☐ Was kann ich bezüglich der Mitarbeiterschaft zu den Stichworten Solidarität, Akzeptanz, Ablehnung, Harmonisierung, Rivalisierung u. a. sagen?
Wie stellt sich das dar? Was macht das mit mir?

☐ Wie beschreibe ich die Problem- und Konfliktlandschaft innerhalb der Mitarbeiterschaft?
Wo befinde ich mich?

☐ Welche Urteile und/oder Vorurteile sind wirksam?
Bei mir? Bei den anderen? In welchen Zusammenhängen?

☐ Welche Konflikte gibt es bei uns nie? Warum?

☐ Welche Ideologie ist in der Mitarbeiterschaft anzutreffen? Wie wirkt sich Ideologie auf das berufliche Handeln aus?

☐ Welche Moral wird wann, wie durch wen vertreten?
Was hat das mit mir zu tun? Welche vertrete ich?

☐ Welche Sündenböcke und welche Superstars sind mir innerhalb der Mitarbeiterschaft bekannt? Welche nicht?
Wie stehts mit mir?

☐ Wer macht mir Angst? Wer nicht?

☐ Wem mache ich Angst? Wem nicht? Woher weiß ich das?

☐ Wie werden Übereinstimmungen und Diskrepanzen im Blick auf was gehandhabt?

☐ Welche Standpunkte und Handlungsverständnisse der Mitarbeiter, Kollegen und Vorgesetzten sind mir bekannt? Welche sind aus meinem Erleben her wirksam? Welche nicht?

☐ Welche Möglichkeiten des gemeinsamen Handelns werden genutzt? Welche nicht? Warum?

□ Was löst das Stichwort Teamarbeit in der Mitarbeiterschaft aus?

□ Wie realisiert sich Teamarbeit?

□ Wie werden formelle und informelle Informationen weitergegeben?

□ Gibt es innerhalb der Mitarbeiterschaft wechselseitige (kollegiale) Beratung? Wer berät wen?

□ Wie gestalten sich die dienstlichen und wie die privaten Beziehungen der Mitarbeiter untereinander?
Woran ist das erkennbar?

Weitere Fragen:

Es geht um die reale Wahrnehmung und Einschätzung der eigenen Position des Supervisanden innerhalb der Mitarbeiterschaft, damit für ihn Rollen, Macht- und Abhängigkeitsstrukturen im beruflichen Handeln transparent werden.

Für die Akzentuierung und Aktualisierung im Rahmen der **Supervisionssitua-tion** sind innerhalb dieses Lernbereiches folgende Fragen wirksam und weiterführend:

- [ ] Was will ich hier in der Supervision? Warum?
- [ ] Was fördert mich hier? Was behindert mich hier?
- [ ] Wer ist für mich hier bedrohlich? Woran mache ich das fest?
- [ ] Was denken meine Kollegen aus der Praxis über meine Teilnahme an der Supervision? Woher weiß ich das?
- [ ] Welche Rolle habe ich hier in der Supervision?
- [ ] Worüber kann ich hier sprechen? Worüber nicht? Warum?
- [ ] Wie konstruktiv oder wie destruktiv bin ich hier? Woher weiß ich das?
- [ ] Wem helfe ich hier am häufigsten?
- [ ] Welche Selbstentwertungstendenzen erlebe ich für mich hier in der Supervision?
- [ ] Was für Ansprüche fühle ich hier an mich gerichtet? Welche Ansprüche richte ich hier an wen? Wie?
- [ ] Welche Bedürfnisse, Erwartungen, Ziele u. a. habe ich hier von den Supervisionsbeteiligten zur Kenntnis genommen? Welche vermute ich?
- [ ] Welche Sympathien/Antipathien kann ich hier äußern? Welche kann ich nicht äußern? Warum?
- [ ] Was unterscheidet mich vom Supervisor? Was nicht? Woran kann ich das verdeutlichen? Was bedeutet das für mich im Hinblick auf . . . .?
- [ ] Welche Ängste werden für mich hier spürbar? Welche kann ich verbalisieren? Welche nicht?
- [ ] Wovon fühle ich mich hier abhängig? Was macht das mit mir? Was mache ich mit dieser Befindlichkeit?
- [ ] Wer ist für mich hier »mächtig«? Warum? Wie »mächtig« bin ich hier?
- [ ] Welche Rollen und/oder gesellschaftliche Anteile werden für mich hier durch den Supervisor und durch die Mitsupervisanden verkörpert? Woran mache ich das fest? Welche Rollen und/oder gesellschaftliche Anteile verkörpere ich hier?
- [ ] Welche Sozialisationsbereiche werden für mich hier in dieser Rollensituation innerhalb der Supervision wieder aktuell?

☐ Welche Alltagserlebnisse aus meinem Praxisfeld finde ich hier innerhalb der Supervision wieder vor?

☐ Wie unterscheiden sich für mich die Beziehungen innerhalb der Supervision von meinen Beziehungen in der beruflichen Praxis?

Weitere Fragen:

Es geht um die Wahrnehmung, Einschätzung und Handhabung der eigenen Person und Rolle innerhalb der Supervision, damit Vergleiche und Transferansätze für das eigene berufliche Handeln möglich werden.

Lernbereich: Institutionelle Einbindung und gesellschaftlicher Bezug

Dieser Lernbereich akzentuiert die vorfindbaren gesellschaftlichen Gegebenheiten und die institutionelle Einbindung des Supervisanden und seines Praxisfeldes.

Insgesamt geht es um die Beeinflussung durch die strukturell - funktionalen Bedingungen, unter denen der Supervisand in seinem Praxisfeld arbeitet, und um die institutionellen Faktoren, die der Supervisand selbst in seinem beruflichen Handeln verwirklicht.

Beabsichtigt ist Sensibilität für strukturell - funktionale Zusammenhänge und gesellschaftliche Auswirkungen auf das Praxisfeld des Supervisanden. Ferner sollen Identifikationen des Supervisanden mit der Institution und durch ihn bereits verinnerlichte »Ansprüche« der Institution transparent und handhabbar werden.

Folgende Fragen sind innerhalb dieses Lernbereiches wirksam und weiterführend:

- ☐ Sind mir die Ziele meiner Institution bekannt? Welche kann ich benennen?

- ☐ Stehen die Absichten der Institution in Übereinstimmung mit meinen Zielen und/oder den Zielen der Adressaten/Klienten? Was bewirken bei mir Diskrepanzen?

- ☐ Wird mein berufliches Handeln durch die Institution behindert oder gefördert? Was für Schlüsse ziehe ich daraus?

- ☐ Welche Vorgehensweisen bevorzuge ich zur Durchsetzung meiner Absichten innerhalb der Institution? Warum?

- ☐ Welche Kenntnisse habe ich über die Informations- und Entscheidungsstruktur meiner Institution? Woher habe ich sie?

- ☐ Welchen Mechanismen fühle ich mich in meinem Praxisfeld ausgeliefert? Woran wird mir das deutlich?

- ☐ Welche Sicherheit gibt mir meine Institution? Welche Abhängigkeiten nehme ich dafür in Kauf?

- ☐ Wie »parteilich« erlebe ich mich selber in meiner Arbeit?

- ☐ Wie engagiert bin ich? Warum?

- ☐ Welchen Standpunkt vertrete ich innerhalb der Institution?

- ☐ Werden meine Entscheidungen für oder gegen die Institution beeinflußt? Durch wen oder was?

- ☐ Welche anderen Möglichkeiten sehe ich im Blick auf . . . . .?

- ☐ Kann ich meine Institution und deren Einfluß auf mein Praxisfeld beschreiben?

- [ ] Welche gesellschaftlichen Prozesse werden mir im Blick auf die bisher gestellten Fragen deutlich?

- [ ] Welche Strömungen bemerke ich? Welche will ich unterstützen? Welche nicht? Warum?

- [ ] Kann ich meine beruflichen Vorstellungen in diesem Praxisfeld unter diesen Bedingungen überhaupt verwirklichen?

- [ ] Wo und wie täusche ich mich selbst? Bin ich enttäuscht?

- [ ] Was geht in mir vor, wenn ich mir vorstelle, daß die Adressaten/Klienten meines Praxisfeldes diese Fragen beantworten sollten?

Weitere Fragen:

Es geht um die reale Wahrnehmung und Einschätzung der eigenen Situation und Position des Supervisanden und seiner institutionellen Ausrichtung im Praxisfeld.

Lernbereich: Verselbständigung und Transfer

Dieser Lernbereich akzentuiert die »Ergebnisse« aus der Reflektions- und Umstrukturierungsarbeit in den vorangegangenen Lernbereichen.

Insgesamt geht es um die eigenständige Ergebniskontrolle des Supervisanden und um die veränderte oder bewußt nicht veränderte »Verdrahtung« von Bedingungszusammenhängen seiner beruflichen Interaktion.

Beabsichtigt ist Sensibilität für praxisfeldrelevante Veränderungen. Dies motiviert zu Umsetzung von gewollten und vorhandenen Fähigkeiten und Fertigkeiten und zu wirklichkeitsorientierter Einschätzung von Realisierungsmöglichkeiten und damit verbundener Konsequenzen.

Folgende Fragen sind innerhalb dieses Lernbereiches wirksam und weiterführend:

☐ Welche Einsichten konnte ich über mich als Person und meinen Bezug zum Praxisfeld bekommen? Woran kann ich das erkennen? Worauf führe ich das zurück?

☐ An welchen Stellen des Supervisionsverlaufes verspürte ich bei mir den intensivsten Widerstand? Was hat das nach meinem Verständnis mit mir, mit der Supervision und mit meinem beruflichen Handeln zu tun?

☐ Welche Ergebnisse waren für mich in meine Praxis übertragbar? Was wurde in der Praxis positiv und was wurde negativ aufgenommen? Woran wurde mir das deutlich?

☐ Welche Reaktionen innerhalb des Praxisfeldes (durch Adressaten, Mitarbeiter und/oder Institutionsvertreter) waren für mich auf mein verändertes berufliches Verhalten hin feststellbar? Was macht mir das? Wie gehe ich damit um?

☐ Welche Ergebnisse habe ich innerhalb der Supervision nicht erreicht? Worauf führe ich das zurück?

☐ Habe ich die Supervision als »Schutzraum« erlebt?

☐ Welche Abhängigkeiten habe ich innerhalb der Supervision gespürt? Wie hat sich das auf mich und wie auf meine berufliche Praxis ausgewirkt?

☐ Wie plane ich mein weiteres Vorgehen im Praxisfeld?

☐ Was sind für mich kurzfristige, mittelfristige und langfristige Ziele im Praxisfeld und welche Umsetzungsstrategien will ich verwirklichen?

☐ Wie kann ich mein »Praxiskonzept« jetzt darstellen? Gibt es Veränderungen zu vorher?

☐ Welche theoretischen, methodischen und persönlichen Grundlagen liegen meinem Praxiskonzept zugrunde?

☐ Welche Methoden und Arbeitsmittel setze ich ein?
Gibt es Unterschiede zu vorher?

Weitere Fragen:

Es geht um die Umstrukturierung von supervisionsabhängiger Reflektion in supervisionsangebundenes Handeln. Es geht um die eigenständige, wirklichkeitsorientierte Einschätzung und Realisierung des beruflichen Handelns.

Die Reflektions- und Umstrukturierungsarbeit innerhalb eines Lernbereiches ermöglicht flexibles und dynamisches Vorgehen des Supervisors im Blick auf die Supervisanden. Dabei werden die unterschiedlichen Wahrnehmungen und Einstellungen der Mitsupervisanden und das aktuelle Geschehen innerhalb der Supervisionssituation genutzt. Der Lernbereich grenzt einerseits ab, läßt jedoch Fragestellungen aus anderen Lernbereichen zu, die momentan nicht den Hauptakzent tragen.

Der »Schritt weg von einem Lernzieldetail« (z. B. der Wunsch und das Ziel nach größerer beruflicher Selbstsicherheit), hin in die »Akzentuierungspalette eines Lernzielbereiches« (z. B. Selbstkenntnis) kann alle Supervisionsbeteiligten in eine umfassende und konzentrierte Wahrnehmungsspannung und in einen begrenzten und intensiven Auseinandersetzungsraum bringen.

Dieser Schritt weckt die Aufmerksamkeit für einander und fordert die Kreativität jedes Beteiligten heraus. Zusammenhänge werden erkennbar und Umstrukturierungen können vom einzelnen Supervisanden vorgenommen oder eingeleitet werden.

Diese Vorgehensweise ist sowohl *zielorientiert* als auch *situativ*.

Sie ist zielorientiert, weil der jeweilige Lernbereich Ausschnitte des Bedingungszusammenhanges des beruflichen Handelns akzentuiert und bereits angebahnte Zielkonkretisierungen aufnimmt und die Bearbeitung des Materials in der Thematik des Lernbereiches eingebunden bleibt.

Sie ist situativ, weil das aktuell eingebrachte und derzeit situationswirksame Material aufgenommen wird, unter den Gesichtspunkten des derzeitigen Lernbereiches im Zusammenhang des beruflichen Handelns reflektiert wird und so für Umstrukturierungsprozesse nutzbar ist.

Es wird jedoch deutlich, daß die Arbeit innerhalb der Orientierungs- und Differenzierungsphase *vorbereitend* mit der Umstrukturierungsarbeit innerhalb der Lernbereiche zu tun hat. Der »Lernbereich: Selbstkenntnis« ist bereits in der Orientierungs- und Differenzierungsphase des Supervisionsprozesses ein unumgängliches Akzentuierungskonstrukt und damit ein *lang angelegter* Lernbereich.

Die Lernbereiche gehen im Verlauf des Umstrukturierungsprozesses ineinander über. Während der Akzentuierung innerhalb eines Lernbereiches werden auch Fragestellungen aus anderen Lernbereichen aktualisiert und Zielkonkretisierungen für andere Lernbereiche angebahnt. Ebenso kommt es vor, daß z. B. innerhalb des »Lernbereiches: Institutionelle Einbindung und gesellschaftlicher Bezug« momentan von keinem Supervisanden Zielkonkretisierungen vorhanden sind. Dies kann bedeuten, daß dieser Lernbereich ziemlich an den »Schluß« des Umstrukturierungsprozesses gelangt, weil erst durch die Arbeit in den anderen Lernbereichen Motivationen und Umstrukturierungswünsche für diesen Lernbereich aktualisiert werden müssen.

Es entsteht somit die Frage nach der strukturellen Handhabung der Lernbereiche durch den Supervisor.

Durch die Vorarbeit in den vorangegangenen Phasen bietet sich der »Lernbereich: Selbstkenntnis« als der erste Lernbereich in der Umstrukturierungsphase an.

Die Reihenfolge der weiteren Lernbereiche wird abhängig gemacht von der Häufigkeit der bisher benannten Zielkonkretisierungen und der Art des eingebrachten Praxismaterials durch die Supervisanden.

Es ist auch vorstellbar, daß der Supervisor mit einem Lernbereich fortfährt, für den bisher von den Supervisanden keine Zielkonkretisierungen benannt wurden. Hierbei ist zu prüfen, inwieweit die Reflektions- und Umstrukturierungsarbeit ohne die Motivation der Supervisanden behindert wird.

Der »Lernbereich: Verselbständigung und Transfer« ist ein abschließender Lernbereich. Er bildet den Abschluß der Umstrukturierungsphase.

In diesem Handlungsmodell liegt die Zuständigkeit für die strukturelle Handhabung beim Supervisor. Der Supervisor sollte die Reihenfolge der Lernbereiche vorschlagen und mit den Supervisanden absprechen.

Eine Veränderung der bereits abgesprochenen Reihenfolge ist zulässig, wenn sie einsehbar und begründbar ist.

Zusammenfassung:

Die Differenzierungsphase setzt sich fort in der Umstrukturierungsphase. Innerhalb dieser Phase geht es um die Aufbereitung von gewonnenem Material für Zielkonkretisierungen des Supervisanden und um die Veränderungsarbeit bezüglich des beruflichen Handelns.

Der Schwerpunkt der Umstrukturierungsphase liegt auf der *Konkretisierung* der Umstrukturierungswünsche und Zieleinstellungen und um die damit angestrebte *Realisierung*. Bereits umgesetzte Veränderungen und dadurch erlebte Konsequenzen sowohl im Praxisfeld als auch in der Supervision werden innerhalb der Supervision untersucht und reflektiert. Weitere und/oder ergänzende Zielkonkretisierungen werden deutlich.

Durch die akzentuierte und systematische »Entzerrung« des Bedingungszusammenhanges des beruflichen Handelns innerhalb der *Lernbereiche* kann in dieser Supervisionsphase sowohl *zielorientiertes* und *situatives* Material für die Umstrukturierungsarbeit genutzt werden.

Der Supervisionsprozeß wird im Verlauf dieser Phase zur Ausgangsebene für

- ☐ die Erweiterung der Selbstkenntnis
- ☐ die Überprüfung und Veränderung der Grundlagen für das berufliche Handeln im Praxisfeld
- ☐ die Überprüfung und Veränderung der Kommunikation und Interaktion innerhalb der Supervision und bezüglich der Adressaten und Mitarbeiter in der Praxis
- ☐ die Überprüfung und Standortbestimmung bezüglich der institutionellen und gesellschaftlichen Einbindung
- ☐ die Verselbständigung des Supervisanden und seine Umsetzung von Zielrealisierungen in die Praxis

Die phasentypische Anwendung der Interventionsansätze bezieht sich auf den bisherigen und veränderten Umgang mit Bedingungsfaktoren im Bedingungszusammenhang des beruflichen Handelns. Dies beinhaltet:

☐ Hinterfragen von »förderlichen und hinderlichen« Werten und Normen, die im beruflichen Handeln wirksam/unwirksam und beachtet/unbeachtet sind

☐ Konfrontation mit eigenem Verhalten

☐ Hinterfragen und Stabilisieren der Selbstakzeptanz

☐ Äußerungen akzentuieren, »verschärfen und pointieren«

☐ Widersprüchlichkeiten und/oder »Doppelaussagen« aufdecken

☐ »Flucht« und/oder Fixierung aufzeigen

☐ Abwehr- und/oder Anpassungstendenzen thematisieren

☐ Konsequenzen von (verändertem) Verhalten durch darauf bezogene Reaktionen veranschaulichen

☐ Hinterfragen von »Interpretationen der Praxisvorgänge«

☐ »Veranschaulichung« von Theoriequellen

☐ Reflektieren von Interaktionsstrukturen im Praxisfeld

☐ Fördern und Stabilisieren von eigenen Umsetzungsansätzen

☐ Überprüfen von Lösungsstrategien

☐ Förderung der Entwicklung eigener Praxiskonzepte

☐ Thematisierung der Verselbständigungsprozesse

Insgesamt soll in dieser Phase eine weitgehend überprüfbare Auseinandersetzung mit den Bedingungsfaktoren des Binnenfeldes Person, des Außenfeldes Praxis und den Wirkungsweisen im Bedingungszusammenhang des beruflichen Handelns erreicht werden. Gewünschte und realistische Veränderungsabsichten sollen experimentiert und auf die berufliche Praxis umgesetzt werden. Supervisionsgebundene Reflektion und Auseinandersetzung soll in selbständige Veränderungs- und Umsetzungsleistung umgeschichtet werden.

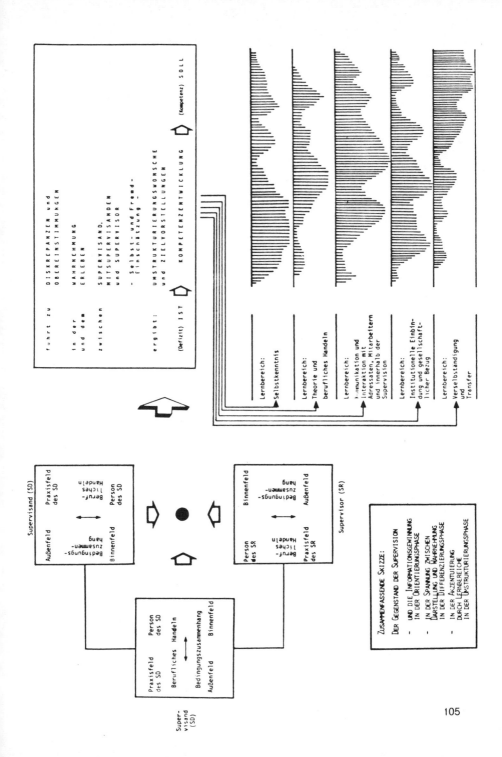

105

4. Standards, Materialien und Übungen

Um den Gegenstand der Supervision systematisch zu reflektieren, werden in diesem Handlungsmodell *kontinuierlich* Reflektions- und Kontrollstandards eingesetzt.

Dadurch gelingt ein planvolles, reflektiertes und überprüfbares Vorgehen im Supervisionsprozeß.

Um Supervision »lebendig«, abwechslungsreich und vielseitig zu gestalten, werden in flexibler Folge unterschiedliche Materialien und Übungen eingesetzt. Diese Vorgehensweise ist anregend für die Materialgewinnung und berücksichtigt *situative* Gelegenheiten im Supervisionsprozeß.

Die standardisierte und kontinuierliche Reflektion und die phasen- und situationsangemessene Eingabe von Materialien und Übungen ist für eine vielschichtige und *methodische* Umstrukturierungsarbeit im Hinblick auf den Gegenstand der Supervision erforderlich.

4. 1. Reflektions- und Kontrollstandards

Langfristiges Anlegen und Auswerten von Standards kann Supervision zu einem Lehr- und Lernverfahren mit einer entsprechenden Theorie und Praxis entwickeln.

Die Auswirkung von Supervision auf das berufliche Handeln wird dadurch transparent, begründbar und einschätzbar.

Es ist ein Anliegen, daß diese »Entwicklungsarbeit« für Supervision gerade von den Fachleuten gefördert und geleistet wird, die unmittelbar in der Supervisionspraxis stehen.

Eine ausschließlich wissenschaftlich ausgerichtete Forschung und eine daraus abgeleitete Theorie für Supervision ist fragwürdig und »artfremd«.

Die berufspolitische Bedeutung einer eigenständigen, wissenschaftlichen und praxisfeldbezogenen Entwicklung einer Theorie und Praxis für Supervision kann nicht ignoriert werden.

Supervision als praxisfeldorientierte Reflektion kann zur planvollen, reflektierten und überprüfbaren Vorgehensweise auf Reflektions- und Kontrollstandards nicht verzichten.

Fortschreibungsbogen

Selbsteinschätzungsbogen

Erlebnisprotokoll

Tonträgeraufzeichnungen

Fortschreibungsbogen

Der Fortschreibungsbogen wird in diesem Handlungsmodell vom Supervisor angelegt und geführt.

Formelle Daten und *Veränderungen* werden erfaßt:

> Datum der Supervisionssitzung
>
> Numerische Reihenfolge der Sitzungen
>
> .Zuordnung der Tonträgeraufzeichnungen
>
> Namen der Supervisionsteilnehmer und/oder Bezeichnung der Supervisionsgruppe
>
> Allgemeine Vermerke

Die *Planung* vor der Supervisionssitzung wird vom Supervisor unter Einbeziehung der Reflektionsergebnisse der vorangegangenen Sitzung vorgenommen und vermerkt.

Der *tatsächliche Verlauf* der aktuellen Sitzung und die für diese Supervisionssitzung vorgenommene Planung werden gegenübergestellt und miteinander verglichen. Das Ergebnis dieser *Reflektion* wird vom Supervisor festgehalten und in die Planung für weitere Supervisionssitzungen einbezogen.

Durch diese systematische Reflektion der Supervisionsabläufe vergrößert sich die Möglichkeit, daß bis zu dem Zeitpunkt nicht erkannte und/oder nicht eingebrachte Bedingungen transparent werden. So kann überprüft werden, ob und in welcher Vorgehensweise diese Bedingungen in die weitere Zielkonkretisierung und Umstrukturierungsarbeit einzubeziehen sind.

Die aufgrund dieses Reflektionsverfahrens gewonnenen Faktoren sind bezüglich der Zielkonkretisierung und Umstrukturierungsarbeit ständig zu hinterfragen. Etwa: War die Informationsgewinnung umfassend und vertiefend genug? Können aus dieser Informationsgestaltung nur diese oder auch andere Schlüsse gezogen werden? Habe ich als Supervisor mein Bedingungs- und Änderungswissen in der richtigen Form gehandhabt?

Reicht mein Bedingungs- und Änderungswissen für diese Problem- und Konfliktkonstellationen aus, damit die für notwendig erachteteten und mit dem Supervisanden besprochenen Zielkonkretisierungen verwirklicht werden können? Worauf sind Übereinstimmungen und/oder Diskrepanzen zwischen meiner Planung und dem tatsächlichen Verlauf zurückzuführen?

Dieses Reflektionsverfahren macht Veränderungen und Entwicklungen im tatsächlichen Supervisionsverlauf anschaulich und ermöglicht die gezielte Berücksichtigung für die Planung der folgenden Supervisionssitzungen.

Die Eigenreflektion des Supervisors beabsichtigt eine bewußte Auseinandersetzung des Supervisors mit seiner Befindlichkeit während der Supervisionssitzung. Diese schriftlich festgehaltene Selbstwahrnehmung gerät in die Auseinandersetzung mit anderen Wahrnehmungen und Wiedergaben:

> Tonträgeraufzeichnungen

> Aussagen der Supervisanden
> durch Selbsteinschätzungsbögen

> Aussagen der Supervisanden
> durch Erlebnisprotokoll.

So setzt sich der Supervisor in überprüfbarer Weise auch in die Spannung zwischen Darstellung und Wahrnehmung, Selbsterleben und Fremderleben und gewinnt weiteres Material für sich und seine Vorgehensweise im Supervisionsprozeß.

Fortschreibungsbogen
für Supervision

Namen / Gruppenbezeichnung:

1.   Daten   Datum:
                       Reihe:
                       TB.Nr.:

Sonstige Vermerke:

Planung	tatsächlicher Verlauf	Reflektion
2. Diagnose vor der SV:	Diagnose während der SV:	Übereinstimmungen/Diskrepanzen:
3. Zielkonkretisierung im Lernbereich:	Zielkonkretisierung während der SV:	Übereinstimmungen/Diskrepanzen:
4. Konzipiertes Vorgehen:	Tatsächliches Vorgehen:	Übereinstimmungen/Diskrepanzen:

5. Supervisionsverlauf:

6. Arbeitsabsprachen für die nächste SV:

7. Arbeitspapiere:

8. Eigenreflektion:

Selbsteinschätzungsbogen

In Anlehnung an gebräuchliche Ratingskalen wurde für dieses Handlungsmodell ein Selbsteinschätzungsbogen für die Supervision angefertigt.

Für die Brauchbarkeit dieses Reflektions- und Kontrollstandards ist es erforderlich, daß jeder Supervisand nach jeder Supervisionssitzung seinen Selbsteinschätzungsbogen ausfüllt und dem Supervisor überläßt.

Zum Abschluß der Supervisionssitzung nimmt jeder Supervisand eine Selbsteinschätzung anhand der Fragen auf dem Bogen vor. Der Selbsteinschätzungsbogen hat zu jeder Frage eine Skala von 1 (viel) bis 7 (wenig oder nicht), damit vom Supervisor »Durchschnittswerte« zu jeder Frage ermittelt werden können. Für die Eintragung und Übersicht der Mittelwerte und die daraus entstehende »Kurve« für den Supervisionsverlauf wurde ein weiteres Formblatt vorgesehen. Die Errechnung der Durchschnittswerte und die Eintragung in die Kurve erfolgt nicht während der Supervisionssitzung, sondern ist eine »Auswertungsaufgabe« für den Supervisor.

Wie bereits angedeutet, ergibt die regelmäßige Erstellung der Selbsteinschätzungsbögen und die Ermittlung der Durchschnittswerte für jede Frage und Sitzung eine Kurve für den gesamten Supervisionsverlauf.

Die Selbsteinschätzungsbögen geben, durch den zahlenmäßigen Ausdruck natürlich begrenzt, eine Tendenz in der jeweiligen Frage wieder.

Im Hinblick auf eine Supervisonssitzung besteht für den Supervisor die Möglichkeit, seine Einschätzung und Wahrnehmung bezüglich der jeweiligen Fragen mit der Einschätzung der Supervisanden zu vergleichen.

Er kann beispielsweise überprüfen, in welchen Lernbereichen er nach seinem Verständnis gearbeitet hat und in welchen Lernbereichen die Supervisanden ihre Lernerfahrungen ansiedeln. Übereinstimmungen und/oder Diskrepanzen können vom Supervisor entsprechend ausgewertet und für den weiteren Supervisionsverlauf genutzt werden.

Bezüglich des *gesamten* Supervisionsverlaufes ergibt sich für jede Frage des Selbsteinschätzungsbogens eine Kurve mit »Höhen und Tiefen«. Der Supervisor kann seinen subjektiven Eindruck des Verlaufes damit vergleichen.

Wann war in allen Fragen ein »Tiefpunkt«?

Wann war in bestimmten Fragen ein »Hoch«?

Was hat das mit der Vorgehensweise des Supervisors zu tun? Was hat das mit den Beziehungen der Supervisanden untereinander zu tun?

Was wollten die Supervisanden ausdrücken, als sie die Vorgehensweise des Supervisors für nicht weiterführend einschätzten?

Was bedeutet es, daß die Einschätzungen alle so »harmonisch« beieinanderliegen?

Wie wirkte sich die Thematik / Problematik, die zu dem Zeitpunkt Supervisionsinhalt war, auf die Einschätzung aus?

Die aus der Zusammenstellung und den Durchschnittswerten resultierende Kurve kann für Auswertungen verwendet werden.

Über den Rahmen des bisher beschriebenen Einsatzes der Selbsteinschätzungsbögen hinaus gibt es noch eine Reihe von Verwendungsmöglichkeiten innerhalb der Supervision.

Beispiele: Die Supervisanden fertigen jeweils zwei Selbsteinschätzungsbögen mit den gleichen Angaben an. Ein Exemplar ist für die Auswertung des Supervisors, das andere ist für den Supervisanden, der ebenfalls eine Kurve anlegen kann.

Ferner kann der Supervisand auf der Rückseite seines Selbsteinschätzungsbogens eine Begründung für seine Eintragungen versuchen. Diese Begründungen können besprochen werden.

Innerhalb der Differenzierungsphase wählt der Supervisor ausgefüllte Selbsteinschätzungsbögen aus und verwendet sie als zusätzliches »Wahrnehmungserweiterungsinstrument« im Darstellungs- und Wahrnehmungsprozeß. Ebenso können die Bögen an anderer Stelle des Supervisionsprozesses gezielt verwendet werden.

Errechnung der Durchschnittswerte: Beispiel: Frage 5 des Selbsteinschätzungsbogens

Supervisand A 2
Supervisand B 1
Supervisand C 6
Supervisand D 3

zusammen: 12 geteilt durch die Anzahl der Supervisanden

Durchschnitt: 3 der Durchschnittswert 3 wird in die Kurve der Frage 5 unter dem Datum und der Reihe der Supervisionssitzung eingetragen. Der Supervisor kann zusätzlich noch die Höchstnennung = 1 (viel) und die Niedrigstnennung = 6 (wenig) festhalten (»Streuung«!).

	Arbeitsbogen für Supervision	**Fallner / John Selbsteinschätzung**
Name:		Datum:
1. Ich konnte mich heute einbringen und beteiligen	1 2 3 4 5 6 7	Ich konnte mich heute nicht einbringen und beteiligen
2. Ich fühlte mich heute in der Supervision frei und offen	1 2 3 4 5 6 7	Ich fühlte mich heute in der Supervision nicht frei und offen
3. Ich empfand heute die Atmosphäre angenehm und entspannt	1 2 3 4 5 6 7	Ich empfand heute die Atmosphäre nicht angenehm und nicht entspannt
4. Mir ist heute in der Supervision viel deutlich geworden.	1 2 3 4 5 6 7	Mir ist heute in der Supervision nichts deutlich geworden
5. Ergebnisse aus dieser Supervision kann ich in meine Praxis übertragen	1 2 3 4 5 6 7	Ergebnisse aus dieser Supervision kann ich in meine Praxis nicht übertragen
6. Der Verlauf dieser Supervisionssitzung war aus meiner Sicht gut geordnet	1 2 3 4 5 6 7	Der Verlauf dieser Supervisionssitzung war aus meiner Sicht ungeordnet
7. Das Verhalten des Supervisors wirkte sich für mich weiterführend aus	1 2 3 4 5 6 7	Das Verhalten des Supervisors wirkte sich für mich nicht weiterführend aus
8. Das Verhalten der Mitsupervisanden wirkte sich für mich weiterführend aus	1 2 3 4 5 6 7	Das Verhalten der Mitsupervisanden wirkte sich für mich nicht weiterführend aus
9. Ich lernte heute viel für mich als Person	1 2 3 4 5 6 7	Ich lernte heute nichts für mich als Person
10. viel für meine Situation in der Praxis	1 2 3 4 5 6 7	nichts für meine Situation in der Praxis
11. viel für meine Fachlichkeit	1 2 3 4 5 6 7	nichts für meine Fachlichkeit
12. viel für meine Situation in der Mitarbeiterschaft	1 2 3 4 5 6 7	nichts für meine Situation in der Mitarbeiterschaft
13. viel für meine Situation bezüglich der Adressaten / Klienten	1 2 3 4 5 6 7	nichts für meine Situation bezüglich der Adressaten/ Klienten
14. viel für meine Situation innerhalb der Institution	1 2 3 4 5 6 7	nichts für meine Situation innerhalb der Institution
15. viel bezüglich gesellschaftlicher Einwirkg.	1 2 3 4 5 6 7	nichts bezüglich gesellschaftlicher Einwirkungen
16. viel für mein selbständiges Umsetzen in die Praxis	1 2 3 4 5 6 7	nichts für mein selbständiges Umsetzen in die Praxis

K U R V E   für die Selbsteinschätzungsfrage:

Supervisionsgruppe / Name:

Supervision   vom   bis

Datum:

Reihe: 1 2 3 4 5 6 7 8 9 10 11 12 13 14 15 16 17 18 19 20 21 22 23 24 25 26 27 28 29 30

1

2

3

4

5

6

7

Durch-
schnitt:
Streuung:

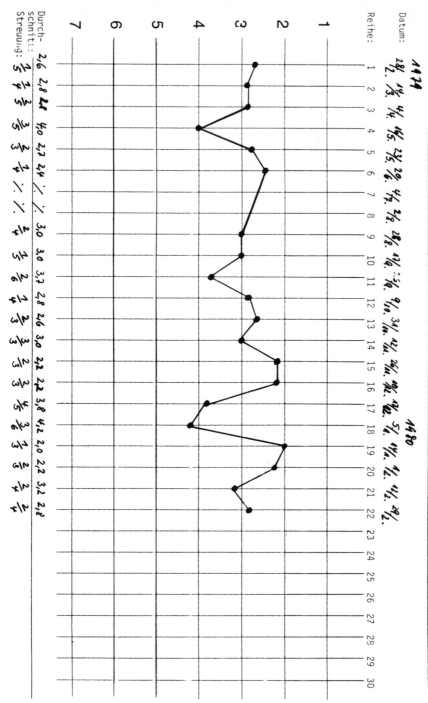

K U R V E   für die Selbsteinschätzungsfrage: "Ergebnisse aus dieser Supervision kann ich in meine Praxis übertragen"

Supervisionsgruppe / Name:

Supervision vom **28.2.1979** bis

Datum: **28/2. 13/3. 14/4. 4/5. 15/5. 23/6. 29/6. 4/7. 2/8. 28/8. 17/9. 25/6. 9/10. 3/11. 31/11. 12/12. 24/11. 28/12. 12/2. 5/1. 11/1. 12. 11/2. 28/2.**

1979   **1980**

| Reihe: | 1 | 2 | 3 | 4 | 5 | 6 | 7 | 8 | 9 | 10 | 11 | 12 | 13 | 14 | 15 | 16 | 17 | 18 | 19 | 20 | 21 | 22 | 23 |

Durch-
schnitt: **2,6 2,8 2,4 4,0 4,7 2,4 3,0 3,0 3,7 2,8 2,6 3,0 2,2 2,2 3,8 4,2 2,0 2,2 3,2 2,8**

Streuung: **5   1/3 1/3 3/5 3/3 3/4 1/. 1/. 1/4 2/4 1/5 2/6 1/4 2/3 3/3 2/3 4/5 3/6 1/3 2/3 1/5 2/3 2/4 2/4**

Erlebnisprotokoll

Dieses »Protokoll« ist eine Rückmeldung des Supervisanden über seine Befindlichkeit während der Supervisionssitzung. Der Supervisand sollte diese Aufzeichnungen in zeitlicher Nähe (max. 3 Tage später) abfassen und an den Supervisor schicken.

Es geht um die subjektive und selektive Selbstwahrnehmung und Darstellung der emotionalen Situation des Supervisanden (Wünsche, Unsicherheiten, Befürchtungen, Spannungen, emotionales Engagement, Stabilisierungen, Motivationen u. v. a.) und um seinen Auseinandersetzungsstand bezüglich der Supervisionsinhalte aus seiner Sicht. Welche Ergebnisse konnte der Supervisand für sich festmachen? Welche Inhalte gibt er wieder? Welche nicht?.

Die »Schwerpunkte« des Erlebnisprotokolls können sich je nach Supervisionsphase und Supervisionsinhalten verschieben. Ebenso können je nach Supervisionsstand vom Supervisor Akzente für das Erlebnisprotokoll gesetzt werden: zu Beginn des Supervisionsprozesses mehr emotionale Befindlichkeiten, dann Konzentration auf Umstrukturierungswünsche und später Aufmerksamkeit für beabsichtigte und realisierte Veränderungen.

Ebenso ist die Handhabung der Inhalte der Erlebnisprotokolle der Supervisanden durch den Supervisor unterschiedlich. Er kann die Inhalte als »Material« für die nächste Supervisionssitzung aufbereiten. Er kann sie aber auch streckenweise ausschließlich als Rückmeldung der Supervisandenbefindlichkeiten mit seiner Eigenreflektion in Verbindung bringen.

Das Erlebnisprotokoll beinhaltet also:

    Feedback — Anteile
    Wahrnehmungsüberprüfung
    Diagnose — Faktoren
    Informationsgewinnung
    Überprüfung von Unter- oder
    Überforderung der Supervisanden

Den Supervisanden bietet das Erlebnisprotokoll die Möglichkeit der Rückkopplung an die erlebte und wahrgenommene Befindlichkeit und Auseinandersetzung während der gerade vergangenen Supervisionssitzung.

Er kann seine Wahrnehmung bezüglich seiner emotionalen Situation und inhaltlichen Auseinandersetzung darstellen und dabei reflektieren. Was war schon weg? Was nicht? Wo hing ich fest? Wo kam ich weiter? Was bedeutet das im Blick auf mein berufliches Handeln im Praxisfeld?

Außer den phasenbedingten Schwerpunkten, die sich aus der Entwicklung und/oder aus der Akzentuierung durch die Eingabe des Supervisors ergeben, werden hier *keine formalen Kriterien* vorgegeben.

Es liegt im Ermessen des Supervisanden welche Erlebnisse und Inhalte er »per Protokoll« dem Supervisor mitteilt. Es gibt keine Normen für den Aufbau und den Umfang des Erlebnisprotokolls.

Tonträgeraufzeichnungen

Während des gesamten Supervisionsverlaufes von der ersten bis zur letzten Sitzung, wird mit Tonträgeraufzeichnungen gearbeitet.

Anfängliche Vorbehalte von Supervisanden bauen sich erfahrungsgemäß schnell ab.

Tonträgeraufzeichnungen haben eine strukturierende Wirkung für die Supervisionssitzung. Mit Beginn der Aufzeichnung entsteht eine zunehmende Konzentration und Einstellung auf den Supervisionsablauf.

Folgende Verwendungen der Tonträgeraufzeichnungen bieten sich für die Supervisionspraxis an:

- ☐ Die gesamte Aufzeichnung, häufiger jedoch Teile daraus, können in der aktuellen oder in einer späteren Sitzung »zurückgeholt« und eingespielt werden (Rückkopplung an Supervisionsmaterial).

- ☐ Die Aufzeichnung kann von einzelnen Supervisanden »ausgeliehen« werden (wenn eine Absprache darüber besteht).

- ☐ Die Aufzeichnung ermöglicht dem Supervisor »außerhalb der Supervisionssitzung« die Betrachtung, Überprüfung und Reflektion des gesamten oder teilweisen Verlaufes der Sitzung.

- ☐ Die Aufzeichnung kann vom Supervisor einem anderen Supervisor zum Zwecke und im Rahmen einer »kollegialen Beratung« zugeleitet werden.

Für solche und ähnliche Auswertungs- und Vorgehensweisen bezüglich der Tonträgeraufzeichnungen bieten sich eine Reihe von Auswertungskriterien aus verschiedenen Beratungs- und Theorieansätzen an.

Im Rahmen dieses Handlungsmodelles bezog sich die Betrachtung und Auswertung der Aufzeichnungen schwerpunktmäßig auf:

den Supervisionsprozeß

- ☐ Kommunikations- und Interaktionsstrukturen
- ☐ Verhalten einzelner Supervisanden
- ☐ Verhalten des Supervisors
- ☐ Emotionaltität
- ☐ Wechselwirkungen

die inhaltlichen Anteile

- ☐ Informationen über die Person
- ☐ Informationen über die Praxis
- ☐ Informationen über den Bedingungszusammenhang der beruflichen Interaktion
- ☐ Umgang mit Informationen
- ☐ Entwicklung der Thematik / Problematik
- ☐ Vermeidung von Themen- / Problemkreisen

die Zielkonkretisierung und Umstrukturierungsarbeit

- ☐ Zielkonkretisierung in und für Lernbereiche
- ☐ Motivation zur Veränderung
- ☐ Förderung der Umstrukturierungsarbeit
- ☐ Behinderung der Umstrukturierungsarbeit
- ☐ Risikobereitschaft in Veränderungssituationen
- ☐ Umsetzung von Erfahrungen auf das berufliche Handeln
- ☐ Selbständigkeit

Erfahrungsgemäß ist es erforderlich, daß sich der *Supervisor* in seinem beruflichen Handeln einer Fremdwahrnehmung und einer Auseinandersetzung stellt.

Aus zeitlichen und finanziellen Gründen ist es unrealistisch, daß der Supervisor ständig für sich Supervision nimmt.

Eine relativ unaufwendige und praktikable Form einer »kollegialen Beratung« wäre es, wenn sich zwei Supervisoren die Tonträgeraufzeichnungen wechselseitig zugänglich machen und sich regelmäßig schriftliche, mündliche und/oder fernmündliche Rückmeldungen geben würden.

Mögliche Auswertungskriterien für solche Aufzeichnungen könnten sein:

1. Rollen

   Rollendarstellung des Supervisors
   Erwartungen an den Supervisor
   Erwartungen an den Supervisor als Frau
   Erwartungen an den Supervisor als Mann

   Interventionen

2. Belastbarkeit

   »Einstiegsverhalten« des Supervisors, wie, wann, bei wem, warum?
   »Ausweichverhalten« des Supervisors, wie, wann, bei wem, vor was?

   Interventionen

3. Konflikte

Verhalten des Supervisors in Konfliktsituationen, wie, wann, warum?

   ☐ regressiver Umgang
   ☐ aggressiver Umgang
   ☐ konstruktiver Umgang
   ☐ ausweichender Umgang

   Interventionen

4. Beziehungen

   Beziehungsangebote durch den Supervisor, an wen, weshalb? an wen nicht, weshalb?
   Beziehungsangebote an den Supervisor, wer, warum? wer nicht, warum?

5. Emotionen

   Wie geht der Supervisor um mit:
   ☐ Unsicherheit
   ☐ Angst
   ☐ Abwehr
   ☐ Ablehnung
   ☐ Bewunderung
   ☐ Zuneigung
   ☐ »Verehrung«
   ☐ Anerkennung
   ☐ Nicht-Anerkennung
   ☐ Betroffenheit
   ☐
   ☐
   ☐
   wann, wie, wodurch, für was?

   Interventionen

6. Inhalte

   Problem / Thema, wie kommt es zustande, durch wen?
   Verdeutlichung durch den Supervisor
   Informationsverarbeitung
   Zielbezogenheit

   Interventionen

7. Ziele

   Wie kommen Zielkonkretisierungen zustande?
   Wie geht der Supervisor mit Zielbenennungen um?
   Welche Ziele werden vom Supervisor akzeptiert, welche nicht, warum?

   Interventionen

8. Werte und Normen

   Welche sind »wie« wirksam?
   Welche bewirken was?
   Welche werden durch den Supervisor eingebracht?
   Welche akzeptiert der Supervisor, welche nicht, warum?

   Interventionen

9. Forderungen

   Wer fordert was, wie, von wem, warum? Mit welchem Anspruch?
   Supervisor / Supervisanden, Supervisand / Supervisor

   Interventionen

10. Ablösung und Verselbständigung

   Worin unterstützt der Supervisor die Ablösung vom Supervisionsprozeß
   und die Verselbständigung in der Praxis?
   Worin nicht? Warum?

   Interventionen

4.2. Materialien und Übungen

Um nicht in einer »trockenen« Berichterstattung steckenzubleiben und um die Materialgewinnung für alle Supervisionsbeteiligten emotional ansprechend, lernmotivierend und herausfordernd zu gestalten, wird hier mit einer Reihe von Materialien und Übungen gearbeitet.

Orientierungsphase

Diskussionsspiel:
Supervision ist . . .

Arbeitsbögen:
Fragen zur Motivation
Eine Situation aus der Praxis

Diskussionsspiel:
Wie verhalte ich mich,wenn . . .

Differenzierungsphase

Arbeitsbögen:
Fragen zur eigenen Person

Konzept einer Lerndiagnose

Lerndiagnose nach Lowy

. . . mit dem Beispiel einer
möglichen Handhabung

Verunsicherungsprofil

Interaktionsbild

Harmonie und Dissonanz
in der Supervision

Umstrukturierungsphase

Arbeitsbögen:
Praxismaterial I und II
Institution I und II

Dimensionen-Auswertungs-Modell.

Arbeitsbogen für Supervision

Diskussionsspiel: »Supervision ist . . .«

Dieses Diskussionsspiel wurde in Anlehnung an die Vorgehensweise der Remscheider Diskussionsspiele entwickelt.

Durch die »Behauptung« Supervision ist . . ., ermöglicht diese Übung einen Austausch der Supervisionsbeteiligten über Supervision. Eine Abklärung von Erwartungen und Voreinstellungen wird ermöglicht. Für den Supervisor besteht hier die Möglichkeit, sein Verständnis von und seine Vorgehensweise in der Supervision in knapper Form (kein Vortrag) aufzuzeigen.

Vorgehensweise:

In der nachfolgenden Auflistung sind Statements über Supervision zu finden.

Diese Aussagen (weitere und andere können entwickelt werden) müssen auf Einzelzettel oder Karten geschrieben und zu Beginn der Diskussion gemischt und verdeckt als Stapel vorliegen.

Ein Supervisand beginnt, nimmt sich die obenliegende Karte vom Stapel und liest das Statement laut vor. Er bezieht dazu Stellung.

Die Stellungnahme soll eine persönliche Auseinandersetzung mit dem Statement über Supervision beinhalten.

Nach jeder Aussage eines Supervisanden soll der Supervisor kurz auf dem Hintergrund seines Verständnisses von Supervision einen Beitrag leisten.

John/Fallner

Diskussionsspiel: »Supervision ist . . .«
(in Anlehnung an die
Remscheider Diskussionsspiele)

Supervision ist . . .

eine Form der Qualifikationsüberprüfung	die »Klön- und Meckerecke« innerhalb der Institution
Umsetzungshilfe für Ausbildungsziele und -inhalte	eine Klima-Anlage für das Praxisfeld
eine Art gruppendynamisches Training in Anbindung an das Praxisfeld	»Psychoanalyse« für den »Berufsmenschen«
Hilfestellung in bestimmten Problemen	Klärung von berufsbezogenen Fachfragen
Beratung, die mich in meiner beruflichen Tätigkeit akzeptiert	Reflektion meiner Praxis
Lernen durch das Reflektieren meiner »Fehler« in der Praxis	Hilfe zum Hinterfragen meiner beruflichen Kommunikation und meines Verhaltens im Praxisfeld
methodische Nachhilfe	Vermittlung von politischen Gesichtspunkten für das Handeln in der Praxis
eine Basis für das Entwickeln von Lösungsstrategien innerhalb des Praxisfeldes	ähnlich wie Praxisanleitung
der etwas schwierige Versuch, Praxis zu verarbeiten	Fortbildung
Lernen, mit Institutionen umzugehen	für mich ein notwendiges Übel
Reflektion meines Umgangs mit Klienten/Adressaten	Praxisreflektion
unpolitisch	zu weit weg von der Praxis

Arbeitsbögen für Supervision

Fragen zur Motivation

Eine Situation aus der Praxis

Diese Arbeitsbögen sind für die Orientierungsphase vorgesehen.

Der Arbeitsbogen »Fragen zur Motivation« gibt Informationen über das Anliegen des Supervisanden bezüglich der Supervision nach bestimmten Gesichtspunkten.

Beim Auswertungsgespräch über die Fragen kann sich eine Zielrichtung, die dem Supervisanden vorschwebt, zeigen.

Der Arbeitsbogen »Eine Situation aus der Praxis« stellt eine Arbeitshilfe für den Umgang mit Praxismaterial in der Supervision dar. Eine danach eingebrachte Praxissituation gibt für die Supervisionsbeteiligten erste Informationen über Probleme, Konflikte und Lösungsversuche des jeweiligen Supervisanden.

Arbeitsbogen für Supervision

Fragen zur Motivation   **Fallner/John**

»Lernerfolg«

Was möchte ich in der Supervision lernen?
Was veranlaßt mich dazu?
Was wäre für mich ein »großer« Lernerfolg?
Was würde mich »besonders enttäuschen«?

»Motivation«

Unter welchen Voraussetzungen kann ich gut lernen?
Was behindert mein Lernen?
Was fördert mein Lernen?

»Sicherheit«

In welcher Praxissituation fühle ich mich sehr sicher?
Welche »Anteile« meines beruflichen Handelns geben mir Sicherheit?
Was verunsichert mich in der Praxis am häufigsten?
Was fehlt mir für mein berufliches Handeln?

»Beziehungen«

Wer ist für mich im Praxisfeld »schwierig«?
Welche Beziehungen in der Praxis sind für mich besonders wichtig?
Welche »Beziehungsstärken« habe ich?
Welche »Beziehungsschwächen« habe ich?
Was möchte ich bezüglich meines Umgangs in Beziehungen verändern?

Arbeitsbogen für Supervision

Eine Situation aus der Praxis   **Fallner/John**

Beschreibung der Situation:

Wer war an der Situation beteiligt?

Was war für mich an der Situation . . . störend . . . hinderlich . . . problematisch . . . ärgerlich . . .?

Was war für mich an der Situation . . . weiterführend . . . förderlich . . . gut zu bewältigen . . . erfreulich . . .?

Welche Zielsetzungen ergeben sich für mich daraus?

Arbeitsbogen für Supervision

Diskussionsspiel: »*Wie verhalte ich mich, wenn* . . .«

Dieses Diskussionsspiel wurde in Anlehnung an die Vorgehensweise der Remscheider Diskussionsspiele entwickelt.

Unter der Fragestellung: »Wie verhalte ich mich, wenn . . . « ermöglicht diese Übung einen Erfahrungsaustausch der Supervisanden über ihre Praxissituation. Ein Gespräch über verschiedene Verhaltensweisen im Praxisfeld wird in Gang gebracht. Ein Austausch über unterschiedliche Problem- und Konfliktkonstellationen, Lösungsmöglichkeiten und Lernchancen wird angeregt. Die Übung hat mehr einen »warming up — Charakter« und sollte für die Umstrukturierungsarbeit innerhalb der Lernbereiche nicht überstrapaziert werden. Sie ist für die Anfangssituation der Supervision gedacht.

Vorgehensweise:

In der nachfolgenden Auflistung sind Statements über Praxissituationen zu finden.

Diese Aussagen (weitere und andere können entwickelt werden) müssen auf Einzelzettel oder Karten geschrieben und zu Beginn der Diskussion gemischt und verdeckt als Stapel vorliegen.

Ein Supervisand beginnt, nimmt sich die obenliegende Karte vom Stapel und liest das Statement laut vor. Danach wählt er sich einen Mitsupervisanden aus, der zu der auf der Karte stehenden Aussage persönlich Stellung nehmen soll.

Die Stellungnahme sollte möglichst mit persönlichen Beispielen, Erlebnissen und Erfahrungen angereichert sein.

Nachfragen sind erwünscht.

Nach der Stellungnahme nimmt der befragte Supervisand oder ein anderer eine neue Karte vom Stapel, liest sie vor, wählt jemanden aus der dazu Stellung nehmen soll usw. usw.

Das Spiel ist beendet, wenn sich die Supervisanden mit allen Statements auseinandergesetzt haben oder in ein Gespräch über einen wichtigen Sachverhalt gekommen sind.

Diskussionsspiel: »*Wie verhalte ich mich, wenn* . . .«   **John/Fallner**

(in Anlehnung an die Remscheider Diskussionsspiele)

Wie verhalte ich mich, wenn . . .

ich mich ungerecht behandelt fühle	ich meine Arbeit nur mit Überstunden leisten kann
ich meine Ideen nicht realisieren kann	ich privaten Ärger habe
ich Ärger mit Mitarbeitern habe	mein Programm keinen Anklang findet
Ansprüche an mich gestellt werden, die den Rahmen der Dienstzeit sprengen	meine Kollegen meinen Einsatz loben
ichmit den Klienten/Adressaten Schwierigkeiten habe	Klienten/Adressaten Ansprüche an mich stellen, denen ich nicht nachkommen kann
der Praxisalltag zur Routine und langweilig geworden ist	organisatorische Schwierigkeiten auftauchen
ich das Gefühl u. die Bestätigung habe, mit allen gut zurecht zu kommen	ich an wichtige Informationen herankommen will
ich unvorbereitet an die Arbeit gehe	in einer Besprechung meine Ansicht nicht berücksichtigt wird
eine Dienstanweisung unsinnig erscheint	ich nicht einsehbare Dienstvorschriften umgehen will
tägliche Kontaktgespräche bzw. wöchentliche Teambesprechungen fehlen	ich mir nicht klar bin, welche Rollenerwartung an mich gestellt wird
ich Fragen habe	ich finanzielle Hilfen für ein Vorhaben brauche
ich Unklarheiten habe über die Weisungsbefugnisse von Vorgesetzten	ich mit anderen Institutionen Kontakt aufnehmen muß
wenn Schwierigkeiten mit dem Vorgesetzten auftreten	ich einen guten Vorschlag zur Verbesserung der Arbeitssituation habe

131

Arbeitsbögen für Supervision

Fragen zur eigenen Person (Fallner/John)

Konzept einer Lerndiagnose (Dozenten des Supervisorenkurses 1976/78, Akademie Münster)

Lerndiagnose nach Lowy (Adademie Münster) und Beispiel einer möglichen Vorgehensweise (John/Fallner)

Die Arbeitsbögen zur »Selbsteinschätzung« bieten einen Einstieg in die Auseinandersetzung im Lernbereich Selbstkenntnis.

Sie sind vorrangig für die Differenzierungsphase des Supervisionsprozesses vorgesehen.

Sie haben »Zubringerfunktion« von Binnenfeldfaktoren und deren Auswirkung auf das berufliche Handeln des Supervisanden.

Die vom Supervisanden zu den Arbeitsbögen schriftlich eingebrachten Daten zu seiner Person bilden die Grundlage für die Reflektion in der Supervision.

Diese Arbeitsbögen haben einen Aufforderungscharakter und sind nicht zu verstehen als »Formulare«, die komplett ausgefüllt werden sollen. Fragen aus den Arbeitsbögen werden nach Absprache ausgewählt und bearbeitet.

Über diese Bearbeitung hinaus beinhalten die Fakten und Daten Material für den Supervisor und seine weitere Vorgehensweise im Supervisionsprozeß.

Zur Veranschaulichung wurde zu der Lerndiagnose nach Lowy ein Beispiel für den Umgang und die weitere Verwendung von Daten zur eigenen Person erstellt.

Arbeitsbogen für Supervision

Fragen zur eigenen Person   **Fallner/John**

1. Was fällt mir ein zu meiner Person und zu meiner Lebenssituation?

2. Was fällt mir ein zu meiner Geschichte (Ereignisse, Höhepunkte, »Durststrecken«, etc.) und was ruft das bei mir hervor?

3. Welche Bedürfnisse nehme ich bei mir wahr? Was mache ich damit? Was machen sie mit mir?

4. Welche Interessen habe ich? Welche kann ich gut verwirklichen? Welche kommen häufig / immer zu kurz?

5. Was für Werte liegen meinem Handeln und Nichthandeln zugrunde?

6. Welche Normen stelle ich bei mir fest? Was darf ich? Was darf ich nicht?

7. Welche Stärken habe ich? Welche habe ich gern? Welche habe ich nicht gern?

8. Welche Schwächen habe ich? Welche mag ich? Welche mag ich nicht?

9. Worin schließe ich mich gern anderen an? Was übernehme ich gern von anderen?

10. Was lehne ich an anderen ab? Wie reagiere ich?

11. Wie erlebe ich mich in Beziehungen? (im Blick auf . . . Belastungen, Frustrationen, Ängste, Spannungen, Bedrohungen, Anerkennung, Ablehnung, Lob, Autorität, Abhängigkeit, Macht, Einfluß, usw. . . .)

12. Wie handhabe ich Gefühle? Über welche kann ich wann, wo, mit wem, direkt und offen sprechen? Über welche nicht?

13. Was hilft mir zu einer offenen Kommunikation? Was hindert mich?

14. Welche Bedürfnisse, Erwartungen, Motivationen u. Ziele habe ich für meine berufliche Situation (Anerkennung, Leistung, Fortkommen, etc.)?

15. Was für Stärken, Kenntnisse u. Fertigkeiten und was für Schwächen, Unkenntnisse und Unfertigkeiten erfahre ich von mir in meinem beruflichen Alltag?

16. Was für eine Einstellung / Meinung habe ich zu der Einrichtung / Institution in der ich arbeite?

17. Was ist mir bewußt über meine Art und Weise zu Lernen und Erfahrungen zu machen? Was ist für mich förderlich, was hinderlich?

18. Was für private Ziele habe ich für meine Zukunft?
Was für berufliche Ziele habe ich für meine Zukunft?
Welche sind miteinander vereinbar, welche nicht?

19. Welche Ziele innerhalb der Supervision habe ich, bzw. zeichnen sich ab?

20. Wie erlebe ich mich in der Supervision? (zu einzelnen, zur Gruppe, zum Supervisor)?

Arbeitsbogen für Supervision

Konzept Lerndiagnose   (Akademie Münster)

Ich habe seit Beginn der gemeinsamen Arbeit den Supervisanden / Supervisor besser kennengelernt.

Der Supervisand ist ein Mann / eine Frau.

Wie vital erlebe ich ihn / sie? (und umgekehrt?)

Wie alt ist er? Wie alt bin ich? Was bedeutet das?

Ich stelle mir seine persönliche Lebenssituation vor. Was fällt mir ein? Was ruft er bei mir hervor? Wie erlebe ich die Beziehung? Wenn ich mir sein berufliches Arbeitsfeld vorstelle, was wird dadurch in mir angesprochen?

Wie sieht das Spektrum seiner beruflichen und privaten Aktivitäten aus und wie macht er es mir sichtbar?

Kommt er gern oder ungern zur Supervision? Woraus schließe ich das? Spricht er von seinen beruflichen und persönlichen Schwierigkeiten? Wie sehen diese Schwierigkeiten aus — für ihn / für mich? Wie erlebe ich ihn in der Darstellung (oder Nichtdarstellung) seiner Schwierigkeiten? (offen, zögernd, rational, betroffen . . .)

Wie benenne ich seine Probleme? (benennt er sie auch so?). Auf Grund welcher Beobachtungen, Empfindungen und Erfahrungen komme ich zu meinen diagnostischen Eindrücken?

Diese Schwierigkeiten lösen auch bei mir etwas aus. Welche Gefühle, Erinnerungen, Phantasien kommen mir dabei? Was sagt das über mich?

Ich habe (keine) Lust, diese Probleme anzugehen. Warum geht mir das so? Ich entscheide mich für die Bearbeitung folgender Probleme: (er auch?)

Ich halte mich für fähig, diese Probleme anzugehen (Begründung!). Wo sehe ich seine Stärken (sieht er sie auch?), und wie kann ich sie einsetzen für die Problembearbeitung?

Ich habe das Gefühl, daß ich in der Supervision etwas für ihn und für mich Wichtiges tue.

Bernd Oberhoff, Wolfgang Weigend, Kees Wieringa SV-Kurs 1976/78

Arbeitsbogen für Supervision

von der Akademie für Jugendfragen, Münster

Lerndiagnose (nach Lowy)

A) I. **Zur Person**
Daten, Geschichte

II. **Persönlichkeitsfaktoren**
1) Bedürfnisse
2) Interessen
3) Werte
4) Selbstbild
5) Ich-Stärken (Belastbarkeit, Frustration, Angst, Spannung, Bedrohung)
6) Welche Adaptions-/Abwehrmechanismen gebraucht werden? (wann und wo?)
7) Beziehungsverhältnisse (Autorität, Abhängigkeit, Macht)
8) Reflexionsfähigkeit
9) Kommunikationsfähigkeit

III. **Praxis- und supervisionsspezifische Faktoren**
1) Bedürfnisse (berufl. Fortkommen, Leistung, Anerkennung)
2) Erwartungen (berufl. Fortkommen, Leistung, Anerkennung)
3) Motivation (berufl. Fortkommen, Leistung, Anerkennung)
4) Kenntnisse und Fertigkeiten (Stärken, Schwächen)
5) Einstellung

IV. **Lernspezifische Faktoren**
1) Lerntyp (visuell, intellektuell, experimentell)
2) Bedingungen
3) Tempo
4) Welche Lernblockierungen — wo und wann?
5) Übertragungsfähigkeit

V. **Zusammenfassende Lern- (Arbeits-) diagnose**
Gesamteindruck

B) **Lernziele**
Was soll erreicht werden? Prioritäten, Zeit?

C) **Durchführungsplan**
Wie diese Ziele zu erreichen?

John / Fallner

Beispiel einer Vorgehensweise nach diesem Diagnoseschema

	Daten der Diagnose vom SD erstellt	Zu den Daten der Diagnose vom SV erlebte Wahrnehmungen	Besprechung der Diskrepanzen	Zielformulierung	Lernschritt	Zielkontrolle Endauswertung
I Zur Person	25 Jahre, verheiratet, Graduierung, Berufspraktikum in einer EB. Seit 2 Monaten Leitung eines Schulkindergartens					
II Persönlichkeitsfaktoren	1. Bedürfnisse ☐ Wärme ☐ Sauberkeit ☐ Ordnung ☐ eigenes Auto	Ich erlebe bei Frau A. ein stark ausgeprägtes Normverhalten. Sauberkeit u. Ordnung sind Werte an sich. Z. B.: Sie kann mit einem sauberen, ordentlich angezogenen Kind besser arbeiten als mit einem schmutzigen.	→	Entwicklung einer größeren Toleranz Normen gegenüber	Wertverschiebung	1. Bedürfnisse ☐ Ruhe ☐ Entspannung ☐ berufl. Anerkennung ☐ mehr Freiraum, da Hang nach Ordnung u. Sauberkeit geringer.
	2. Interessen ☐ Gespräche ☐ Tanzen ☐ Sauna ☐ Kegeln ☐ Schwimmen	Diese Interessen sind stark von der Erwartungshaltung ihrer Familie, ihres Mannes geprägt. Sie macht mit, weil man es von ihr erwartet. Sie zeigt ein stark ausgeprägtes Anpassungsverhalten.	→	Erkennen u. Benennen eigener Interessen. Begründen u. Durchsetzen dieser Interessen.	Eigenständigkeit	2. Interessen ☐ Tanzen, Sauna, Kegeln haben nur noch einen geringen Freizeitwert. ☐ Interessen sind Gespräche, Freundschaft ☐ Auseinandersetzung mit Zukunftsperspektiven

137

Daten der Diagnose vom SD erstellt	Zu den Daten der Diagnose vom SD erlebte Wahrnehmungen	Besprechung der Diskrepanzen	Zielformulierung	Lernschritt	Zielkontrolle Endauswertung
3. Werte ☐ Bildung ☐ Berufserfahrung ☐ Harmonie in der Beziehung ☐ Religion	Im Hinblick auf Beziehungsgestaltung berufl. wie privater Natur bzw. im SV-Prozeß erlebe ich ein starkes Ausweichen vor Konflikten (resignatives Zurückziehen)	→	Aushalten u. Durchstehen von Konflikten	als diffus erlebte Konfliktsituationen realistisch erkennen.	3. Werte ☐ Lebenserfahrung ☐ Berufserfahrung ☐ Partnerschaft
4. Selbstbild ☐ Theoretiker ☐ intellektuell betont	Sie weiß recht gut in Theorien Bescheid u. fühlt sich darin bestätigt, da man sich in der Familie Rat bei ihr holt. Ich erlebe ihr Theoriewissen wenig integriert. »Klammern an Theorien«. Mit intellektuell meint sie vom Verstand betontes Handeln. Ich erlebe, daß Emotionen durch viele Kontrollinstanzen müssen, ehe sie zugelassen werden.	→	Theorien nicht als unhinterfragbares Dogma hinnehmen. Mit eigenen Gefühlen umgehen u. sich ihrer erfreuen.	Abbau der Angst vor Blamage	4. Selbstbild ☐ größere Offenheit gegenüber dem eigenen Erleben.
5. Ich-Stärke ☐ geringe Frustrationstoleranz ☐ geringer Spannungsbogen	Hier fiel mir auf, daß keine Stärken benannt wurden. Stärken konnte sie erst im Gespräch benennen: z. B. gute Reflexionsfähigkeit, Zuhören können, Fähigkeit verbalisieren zu können.	→	Zutrauen gewinnen in die eigenen Fähigkeiten	Realistischere Selbsteinschätzung	5. Ich-Stärke ☐ Positivere Selbsteinschätzung. ☐ Der Satz »Der andere ist besser als ich«, tritt in den Hintergrund.

Daten der Diagnose vom SD erstellt	Zu den Daten der Diagnose vom SD erlebte Wahrnehmungen	Besprechung der Diskrepanzen	Zielformulierung	Lernschritt	Zielkontrolle Endauswertung
8. Reflexionsfähigkeit □ gut, wenn es um Fakten außerhalb ihrer Persönlichkeit geht. □ stockender, wenn es um intrapersonelle Aspekte geht.	Hier deckt sich zunächst mein Eindruck mit dem von Frau A. beschriebenen Angaben. Im weiteren Verlauf der Beratung zeigte sich, daß Frau A. mit diesen Angaben folgendes meinte: Auf der Inhaltsebene komme sie schnell mit anderen klar, auf der Beziehungsebene sei das nicht so. Dadurch gerate sie in Konflikte u. das beeinträchtige ihre Reflektionsfähigkeit	↑	Sicherheit im diagnostischen Denken gewinnen	Überprüfung der Fakten, die ein Einlassen auf Beziehungen ermöglichen bzw. verhindern	8. Reflexionsfähigkeit □ Noch gewisse Überidentifikation in einer beruflichen Anfängersituation (Sozialpädagogin auf Kosten der eigenen Person)
9. Kommunikationsfähigkeit □ früher nicht so gut □ bewußte Zurückhaltung, mehr beobachtend □ sachliche Kommunikation □ verbalisiert viel	Ich erlebte bei Frau A., daß sie häufig entwertende Kommunikationsformen gebrauchte z. B.: □ eigene Angaben einer klaren Bedeutung zu berauben □ Themawechsel □ Formen der Unverbindlichkeit wählend □ Nicht verstehen	↑	Eindeutige Informationen geben	Gefühle zulassen	9. Kommunikationsfähigkeit □ Gewinn von Sicherheit im fachl. Bereich □ Im emotionalen Bereich noch gesteuert von der Angst, Gefühle zu äußern

Daten der Diagnose vom SD erstellt	Zu den Daten der Diagnose vom SV erlebte Wahrnehmungen	Besprechung der Diskrepanzen	Zielformulierungen	Lernschritt	Zielkontrolle, Endauswertung
III. Praxis u. Supervisionsspezifische Faktoren					
1. Bedürfnisse ☐ eine feste Stellung zu bekommen, die die Möglichkeit bietet, im Team zu arbeiten. ☐ Arbeit mit verhaltensauffälligen Kindern u. deren Eltern ☐ Anerkennung in Form von Worten ☐ Erfolg in der Arbeit	Ich erlebte bei ihr ein starkes Anlehnungsbedürfnis, die Suche nach einem Freiraum, wo Angst u. erlebte Unzulänglichkeit u. Unsicherheit besprochen werden konnten ohne bewertet zu werden.	→	Identifikation mit der beruflichen Rolle	Gewinnung von Einsichten durch Selbst- und Fremdkontrolle im Gespräch und durch Berichte	1. Bedürfnisse ☐ Bewußtwerden des eigenen Handlungskonzepts
2. Erwartungen ☐ Informationsgewinn ☐ Zusammenarbeit	Ich erlebte, daß ihre Erwartungen sehr stark ausgerichtet waren bei Fehlern u. gefürchteten Mißerfolgen Hilfestellung zu erfahren.	→	Übernahme der Verantwortung für den eigenen Lernprozeß in der Supervision u. in der Praxis	Übernahme der Verantwortung für den eigenen Lernprozeß in der Supervision in der Praxis	2. Erwartungen ☐ Befähigung zur Umsetzung u. Veränderung eigener Bedingungsmodelle
3. Motivation Hier wurden keine Angaben gemacht.	Ich erlebte sie sehr stark motiviert, im Beruf allen Anforderungen gerecht zu werden; sie stellte sich unter einen enormen Leistungsdruck. Im Supervisionsverlauf hat sie keinmal einen Termin ausfallen lassen o. verschoben. ☐ Anerkennung scheint für sie stets an Leistung ge-	→	Die Bedeutung beruflichen Handelns für die Adressaten erkennen.	Statt Befriedigung durch Leistung, Eingehen auf die Bedürfnisse der Adressaten	3. Motivation ☐ keine Angaben

Daten der Diagnose vom SD erstellt	Zu den Daten der Diagnose vom SV erlebte Wahrnehmungen	Besprechung der Diskrepanzen	Zielformulierung	Lernschritt	Zielkontrolle Endauswertung
4. Kenntnisse u. Fertigkeiten (Stärken, Schwächen) □ Theoret. Kenntnisse, □ geringe Sicherheit in der Umsetzung □ Tendenz zur Routine □ gute Aufnahmefähigkeit □ Schwierigkeiten, sich in die Psyche eines Kindes zu versetzen	Mein Erleben ist, daß aufgrund ihrer Theoriegläubigkeit für sie Schwierigkeiten im beruflichen Handeln entstehen; sobald eine Situation auftritt, die sie nicht in ihren theoret. Bezugsrahmen einbauen kann, resigniert sie.	→	Integration von Theorie und Praxis	Flexibles Umgehen mit Theoriewissen	4. Kenntnisse u. Fertigkeiten □ Ansätze integrativen Denkens in Bezug auf Theorie u. Praxis □ Mut zu selbständigen Konzepten □ Differenziertere Einfühlung in die Psyche des Kindes
5. Einstellung □ Keine Rezepte geben □ der andere ist besser, weiß mehr als ich.	Diese Aussage: »Der andere weiß mehr als ich, ist besser als ich,« ist zunächst eine Einstellung, die ich mir aus ihrer Berufsanfängersituation erkläre. Ich erlebe, daß sie mit dieser Einstellung auch an mich herantritt.	→	Stärkung des Selbstwertgefühls, Sicherheitsgewinn durch berufliche Praxis	Verstärkende Bestätigung positiven beruflichen Handelns	5. Einstellung □ Zunehmende realistische Einschätzung eigenen Könnens und Handelns

Daten d. Diagnose vom SD erstellt	Zu den Daten d. Diagnose vom SD erlebte Wahrnehmungen	Besprechung der Diskrepanzen	Zielformulierung	Zielkontrolle Endauswertung
IV. Lernspezifische Faktoren				
1. Lerntyp ☐ intellektuell akustisch orientiert	Ihre Fähigkeiten im kognitiven Bereich sind gut.			
2. Bedingungen ☐ unter Zwang, Zeitdruck o. sonstiger Spannung sehr schlecht ☐ Wunsch, alles sofort zu erledigen	Die »Volksweisheit«: »Was du heute kannst besorgen, das verschiebe nicht auf morgen« sitzt nach meinem Dafürhalten tief in ihr drin. Zwang, Zeitdruck, Spannungen haben lähmende Wirkung.			
3. Tempo ☐ Tendenz, das eben Gespeicherte immer noch einmal zu wiederholen ☐ dadurch langsam	Ihr Tempo wird nach meinem Dafürhalten sehr stark durch Absicherungstendenzen, Hang zum Perfektionismus gebremst.			
4. Welche Lern-blokkierungen wo — wann? ☐ nervliche Anspannung ☐ konfliktgeladene Situationen ☐ leicht ablenkbar durch Umweltreize	Lernblockierungen erlebte ich in der Beratung besonders bei Besprechungen von Mißerfolgen, die sie einbrachte, sobald es darum ging Gefühle zu benennen, Normverhalten zu hinterfragen. Lernblockierung aufgrund von Sicherungstendenzen.			

Daten d. Diagnose vom SD erstellt	Zu den Daten d. Diagnose vom SD erlebte Wahrnehmungen	Besprechung der Diskrepanzen	Zielformulierung	Zielkontrolle Endauswertung
5. Übertragungsfähigkeit ☐ Übertragungsfähigkeit vorhanden, bes. im theoretischen Bereich	Die Übertragungsfähigkeit erlebte ich zu Anfang stark beeinträchtigt durch Auftreten von nicht erwarteten »Schwierigkeiten«			

Arbeitsbogen für Supervision

Verunsicherungsprofil **Fallner/John**

Der Arbeitsbogen »Verunsicherungsprofil« bietet einen Einstieg in die Auseinandersetzung und in die Reflektion bezüglich der eigenen Verunsicherungen im beruflichen Handeln und innerhalb der Supervision.

Durch die Art der Vorgehensweise innerhalb der Supervision (»Infragestellen«) entstehen verständlicherweise Ängste und Unsicherheiten.

Damit Unsicherheiten, die thematisiert werden können, nicht »verborgen« durch den Supervisionsprozeß »geschleppt« werden, kann in der Differenzierungsphase der Arbeitsbogen »Verunsicherungsprofil« eingesetzt werden.

Dieser Arbeitsbogen wurde in der Auseinandersetzung mit den »Grundformen der Angst« nach Fritz Riemann für dieses Handlungsmodell auf die Supervision hin entwickelt. Es handelt sich um ein einfaches Koordinatenkreuz, in welches die Verunsicherungstendenzen per Punkt eingetragen und miteinander verbunden werden (»Profil«).

Es wird beabsichtigt:

- [ ] »Verschweigungs- und/oder Beschönigungstendenzen« aufzudekken und besprechbar zu machen

- [ ] »Bewertungen« (Unterwertigkeiten und Überwertigkeiten) bezüglich der eigenen Verunsicherung anzusprechen und einsichtig zu machen

- [ ] die Wahrnehmung und die Darstellung von Verunsicherung auslösenden Faktoren zu ermöglichen

- [ ] eine »Korrektur« eigener Bewertungen durch die Wahrnehmungsmitteilungen der Mitsupervisanden und des Supervisors zu erreichen, wenn sich diese Bewertungen hinderlich auf die Entwicklung des beruflichen Handelns auswirken

- [ ] eine Motivation zur Auseinandersetzung mit dem eigenen Verunsicherungsprofil und darauf bezogene Umstrukturierungen zu ermöglichen

Vorgehensweise:

☐ Der Supervisor fordert die Supervisanden auf, erlebte Unsicherheiten und den situativen Rahmen stichwortartig aufzulisten.

Die so »aufgezählten« Verunsicherungssituationen stellen den »Verunsicherungskatalog« dar.

☐ Der Supervisor bittet die Supervisanden nun, jede Verunsicherungssituation konzentriert durchzugehen und sie zu identifizieren als eine Verunsicherung durch: Nähe, Distanz, Festlegung und/oder Veränderung.

☐ Anschließend händigt der Supervisor den Supervisanden den Arbeitsbogen mit dem Koordinatenkreuz aus.

Jetzt soll jeder Supervisand jede seiner aufgelisteten und identifizierten Verunsicherungen »subjektiv bewerten«, indem er den vorfindbaren Anteilen in seiner jeweiligen Verunsicherung (Nähe, Distanz, Festlegung, Veränderung) Punkte von 1 bis 10 gibt.

☐ Die Gesamtzahl der Punkte für Verunsicherungen im Blick auf Nähe, Distanz, Festlegung und/oder Veränderung wird in das Koordinatenkreuz von der Mitte ausgehend pro Punkt eine »Stricheinheit« eingetragen. Die Endpunkte werden miteinander verbunden und ergeben ein »Profil«.

Das so visualisierte Verunsicherungsprofil des jeweiligen Supervisanden ist natürlich nicht als vollständig oder festlegend anzusehen. Es bietet vielmehr die Grundlage für eine Besprechung der subjektiven Verunsicherungen, der aktuellen Verunsicherungen und der zugrundeliegenden realen und irrealen Bewertungen.

Beispiel: Der Supervisand Y hat sechs Verunsicherungssituationen in seinem »Verunsicherungskatalog« aufgenommen.
Nach der Durchsicht und Bewertung hat er innerhalb dieser Verunsicherungssituationen insgesamt für

die Verunsicherung durch Nähe . . . . .8 Punkte
die Verunsicherung durch Distanz . . . . .2 Punkte
die Verunsicherung durch Festlegung . . . . .4 Punkte
die Verunsicherung durch Veränderung . . . . .8 Punkte

ermittelt, die er als Stricheinheiten auf das Koordinatenkreuz überträgt.

Arbeitsbogen für Supervision
Verunsicherungsprofil

Fallner / John
(nach dem Konzept von
 Fritz Riemann
 Grundformen der Angst
 entwickelt)

Name: Datum:

i c h   bin verunsichert durch:

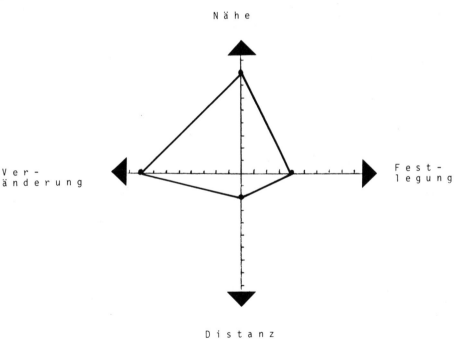

Arbeitsbogen für Supervision

Interaktionsbild

Das Interaktionsbild ist eine »non-verbale Übung«.

Es bietet einen Einstieg in die Auseinandersetzung und Reflektion von Kommunikations- und Interaktionsverhalten.

Im Gegensatz und/oder als Ergänzung zu den überwiegend verbalen Auseinandersetzungsformen in der Supervision geht es hier um das Erleben von Interaktionsformen, die nicht an das Medium »Sprache« gebunden sind.

Dieses »Verfremdungsmoment« hat erfahrungsgemäß einen Verunsicherungseffekt, weil uneingeübtes und ungewohntes Kommunikationsverhalten notwendig wird.

Dies bietet eine Auseinandersetzung mit und über analoge Kommunikationsanteile an.

Der Supervisor hat in dieser Übung die Rolle des Beobachters. Er schlägt die Übung vor und bringt sie entsprechend der Angaben auf dem folgenden Arbeitsbogen ein.

Arbeitsbogen für Supervision

Interaktionsbild   **John/Fallner**

(in Anlehnung an H. Kirchgässner Akademie Remscheid)

(Teil I der Übung)

Aufgabe:	Die Supervisanden sollen die Papierfläche gemeinsam gestalten.
Material:	Papierfläche, Farbstifte oder Farben und Pinsel
Regeln:	Während der Aktion darf nicht gesprochen werden. Es sollte immer nur etwa ein Drittel der Supervisanden in Aktion sein.
	Die »nichtmalenden« Supervisanden sollten das Geschehen beobachten, sich einfühlen und wieder in die Aktion einsteigen.
	Jeder übernimmt, soweit es ihm möglich ist, Verantwortung für die Gestaltung der Gesamtfläche.
	Emotionen, Ideen, Fragen u. a. können während der Aktion auf bereitgelegte Blätter notiert werden.

Der Teil I dieser Übung ist beendet, wenn kein Supervisand mehr auf der Papierfläche malt und alle Supervisanden non verbal mit dem Ende der Übung einverstanden sind.

148

(Teil II der Übung)

A) Beobachtungskriterien des Supervisors:

- ☐ Wer ist wann, mit wem, wie initiativ?
- ☐ Wer strukturiert?
- ☐ Wer blockt?
- ☐ Wer malt wie häufig und wie?
- ☐ Welche Rollen werden von wem übernommen?
- ☐ Wer fühlt sich wann durch was/wen »angesprochen«?
- ☐ Wie entspannt/angespannt agieren die Teilnehmer?
- ☐ Wie stellen sich die Teilnehmer aufeinander ein?
- ☐ Wer behindert wen?
- ☐ Blick - Kontakte?
- ☐ Welche Stimmungen kommen wie zum Ausdruck?
- ☐ Wie werden Emotionen ausagiert?
- ☐ Wer »zerstört« was?

B) Verbale Auswertung:

- ☐ Die Supervisanden teilen ihr Erleben während der Aktion mit
- ☐ Die Notizen, die auf den ausgelegten Blättern festgehalten wurden, werden zur Diskussion gestellt
- ☐ Der Supervisor gibt die von ihm gemachten Beobachtungen und Wahrnehmungen wieder, indem er sie zunächst als *Fragen* an die Supervisanden richtet (z. B. Wer hat aus Ihrer Sicht und/oder Ihrem Erleben die Initiative ergriffen?)

= Selbst- und Fremdwahrnehmung!

Arbeitsbogen für Supervision

»Harmonie und Dissonanz« innerhalb der Supervision

Dieser Arbeitsbogen bietet einen Einstieg, um Kommunikations- und Interaktionsverhalten der Supervisanden zu reflektieren.

Der Bogen ist einsetzbar für den Übergang zwischen der Differenzierungsphase zur Umstrukturierungsphase im Blick auf die Lernbereiche Selbstkenntnis und/oder Kommunikation und Interaktion.

Es soll damit eine Sensibilisierung für das eigene Beziehungserleben innerhalb der Supervision und in Rückkopplung an das Praxisfeld erreicht werden.

Vorgehensweise:

Jeder Supervisand erhält einen Arbeitsbogen und sucht aus den vorfindlichen Fragen 5 (je nach Absprache auch mehr oder weniger) Fragen für jeden Mitsupervisanden und für den Supervisor (wenn vereinbart) aus.

Eine Frage kann auch an meherere Mitsupervisanden gestellt werden. Die Namen der Mitsupervisanden, an die sich die Fragen richten sollen, werden vor die jeweiligen Fragen geschrieben.

Anschließend beginnt ein Supervisand und richtet seine Fragen an die jeweiligen Adressaten. Dabei ist es erwünscht, daß er jeweils auch begründet, warum er diesem Mitsupervisanden diese Frage stellt.

Nachfragen sind erwünscht.

Der befragte Supervisand kann sich Notizen von der Begründung durch den fragenden Supervisanden machen und umgekehrt.

Die Vorgehensweise kann variiert werden.

Zum Schluß eignet sich für alle Supervisanden die folgende Frage:

»Welche Übereinstimmungen und/oder Diskrepanzen stelle ich zwischen Supervisionssituation und Praxissituation hinsichtlich meiner Beziehungsgestaltung fest?«

(in Anlehnung an die Remscheider Diskussionsspiele)

Name des Supervisanden, Frage:
dem ich diese Frage
stellen möchte:

1. Was verunsichert Dich in Deiner Praxis am häufigsten?

2. Denkst Du oft über Deine berufliche Zukunft nach?

3. Würdest Du Deine beruflichen Beziehungen als ideal bezeichnen?

4. Fühlst Du Dich im Moment wohl?

5. Hättest Du lieber einen anderen Beruf erlernt?

6. Hältst Du Dich für selbstsicher?

7. Wärst Du lieber an einer anderen Stelle innerhalb Deiner Institution tätig?

8. Hast Du im Moment vor irgend was ein bißchen Angst?

9. Erhoffst Du Dir durch die Teilnahme an der Supervision eine finanzielle Verbesserung?

10. Möchtest Du gern von jemand aus diesem Kreis eingeladen werden?

11. Arbeitest Du lieber allein oder im Team?

12. Ist Dein Verhalten gegenüber Mitarbeitern anders, seitdem Du in der Supervision bist?

13. Würdest Du gern in einer Kommune leben?

14. Hast Du (welche) eine weltanschauliche und/oder politische Begründung für Deine Arbeit?

15. Wärst Du in dieser Supervision gerne Supervisor?

16. Wir wirken sich Deine privaten Beziehungen (z. B. Familie) auf deine Arbeit aus?

17. Was würdest Du (wenn es möglich wäre) innerhalb Deiner Institution sofort verändern?

Arbeitsbögen für Supervision

Praxismaterialbögen I und II

Diese Arbeitsbögen (I und II) sind Strukturierungshilfen im Umstrukturierungsprozeß.

Sie haben »Zubringerfunktion« für alle Lernbereiche und sind einsetzbar, um unterschiedliche Bedingungsfaktoren in ihrer Auswirkung auf berufliches Handeln aufzuzeigen.

Beabsichtigt ist die Verdeutlichung von Zusammenhängen und die Umsetzung auf weiteres berufliches Handeln.

Arbeitsbogen für Supervision

Praxismaterialbogen I   **Fallner/John**

1. Situations- / Fallbeschreibung

   ☐ Daten
   ☐ Darstellung
   ☐ Begründung

2. Diagnostisches Vorgehen

   ☐ Sammeln und ordnen
   ☐ Meine Interpretation der gewonnenen Informationen

3. Zielforumlierungen

4. Planung der Vorgehensweise

5. Durchführung und tatsächlicher Verlauf

6. Reflektion

Ergebnisse aus meiner Reflektion und aus dem Supervisionsgespräch, die
ich auf die dargestellte Situations- / Fallbeschreibung umsetzen will:

Arbeitsbogen für Supervision

Praxismaterialbogen II Fallner/John

ICH	ADRESSATEN / KLIENTEN	KOLLEGEN	INSTITUTION EINRICHTUNG	GESELLSCHAFT
Wie erlebe ich mich als Person in dieser Situation / in diesem Fall?	Wie sehen meine Adressaten / Klienten die Situation / den Fall?	Wie sehen meine Kollegen die Situation / den Fall?	Wie wirkt sich und wodurch die Institution und/oder die Einrichtung auf mich und die Situation aus?	Wie wirken sich und wodurch ge- und wodurch ge- sellschaftliche Bedingungen auf mich und mein Handeln in der Situation / dem Fall aus?

☐ Stärken	Wie wirkt sich ihr Verhalten auf mich aus?	Wie wirkt sich ihre Einstellung / ihr Verhalten auf mich und auf die Situation / den Fall aus?	Wie wirkt sich und wodurch die Institution und/oder die Einrichtung auf mich und die Situation aus?	
☐ Schwächen				☐ förderlich
☐ Schwierigkeiten	☐ Erwartungen			☐ hinderlich?
☐ Harmonisierungen?	☐ Vorurteile?			

1. Situations- / Fallbeschreibung:

2. Diagnostisches Vorgehen:

3. Ziel- formulierungen:

4. Planung der Vorgehensweise:

5. Durchführung und tatsächl. Verlauf:

6. Reflektion:

Arbeitsbögen für Supervision

Institution I und II

Diese Arbeitsbögen (I und/oder II) sind Strukturierungshilfen im Umstrukturierungsprozeß, vor allem im Lernbereich »Institutionelle Einbindung und gesellschaftlicher Bezug«.

Sie bieten sich an zur schriftlichen und mündlichen Eingabe in die Supervision und bilden eine Grundlage für die weitere Auseinandersetzung.

Literatur zum Thema   Institution / Organisation:

Etzioni, Amitai: Soziologie der Organisation; Mü. 1967;

Claessens, Dieter: Rolle und Macht; Mü. 1968;

Rosenstiel, Lutz von, Molt, Walter,
Rüttinger, Bruno: Organisationspsychologie, Stuttgart 1972

Parsons Talcott (Herausgeber:
Stefan Jensen)   Zur Theorie sozialer Systeme; Opladen 1976;

Arbeitsbogen für Supervision

Institution I   **Fallner/John**

(in Anlehnung an Kursmaterial Kommunikationsberaterkurs 1973/75 Akademie Remscheid; Supervisorenkurs 1976/78 Akademie Münster)

1. Zeichne ein Strukturbild der Institution, in der du arbeitest.

2. Welche Position würdest du in der Institution einnehmen, wenn du es dir wünschen könntest?

3. Welchen Weg schlägst du normalerweise ein, wenn du in deiner Institution etwas erreichen und verwirklichen willst?

4. Könntest du über den Haushaltsplan, die Satzung und die Geschäftsordnung deiner Institution Auskunft geben?

5. Kannst du die Ziele deiner Institution benennen?

6. Welche Mittel werden eingesetzt um die Ziele zu erreichen?

7. Wie werden in der Institution Entscheidungen gefällt?

8. Kannst du benennen, in welcher Weise die Institution durch das geografische und soziale Umfeld beeinflußt wird?

9. Kannst du Statussymbole und hierachische Abstufungen beschreiben?

10. Kannst du die bedeutsamsten Konflikte benennen, die seit längerem in der Institution virulent sind?

11. Was erscheint dir noch wichtig?

Institution II John/Fallner

(in Anlehnung an Kursmaterial des Kommunikationsberaterkurses 73/75 der Akademie Remscheid)

1. Was ist besonders kennzeichnend für meine berufliche Situation in diesem speziellen Praxisfeld?

2. Welche Erwartungen, Zielvorstellungen, Anliegen und Ansprüche habe ich? Wie gehe ich damit um?

3. Welche Erwartungen hat die Institution (laut Arbeitsvertrag, Satzungen, Anweisungen vom »Chef«)? Wie gehe ich damit um?
   Welche Wirkung hat das auf mich?

4. Welche Erwartungen, Zielvorstellungen, Anliegen, Bedürfnisse, Interessen und Ansprüche haben die Adressaten / Klienten?
   Wie gehe ich damit um?
   Wie ist die Institution darauf eingerichtet und eingestellt?

5. Welche Angaben zum Aufbau, zur Geschichte und zur Struktur kann ich machen?

6. Welche Bedingungen, die durch die Institution gesetzt werden, finde ich gut?
   Welche möchte ich ändern?

7. Wie erlebe ich meine Position in der Institution?

8. Werden mir gesellschaftliche und politische Aspekte innerhalb meines Praxisfeldes deutlich?

9. ☐

10. ☐

11. ☐

Das Dimensionen-Auswertungs-Modell

Diese Übung gibt einen Einstieg in die Auswertung des gesamten Supervisionsprozesses.

Dabei kann deutlich werden, inwieweit der Supervisand Verselbständigung und Umsetzung in die Praxis realisiert.

Der Bogen wird vom Supervisor eingebracht und erläutert und jeweils vom einzelnen Supervisanden (Selbsteinschätzung) bearbeitet.

Der eigentliche Auswertungschritt besteht in der Gegenüberstellung von Selbst- und Fremdeinschätzung innerhalb der Supervision. Dadurch können weitere Auswertungsgesichtspunkte wirksam werden.

Arbeitsbogen für Supervision

Das Dimensionen-Auswertungs-Modell   John / Fallner

(in Anlehnung an ein Auswertungsverfahren des Supervisorenkurses
76/78 der Akademie Münster)

Dimensionen:	Wie ging ich in der Vergangenheit damit um?	Wie gehe ich heute damit um?	Wie werde ich in Zukunft damit umgehen?
1. Wie habe ich den Verlauf der Supervision erlebt im Hinblick auf: ☐ Inhalte ☐ Vorgehensweise ☐ Atmosphäre			
2. Wie habe ich mein Einbringen in den Supervisionsprozeß erlebt? ☐ hinderlich? ☐ förderlich?			
3. Was hat sich aus meiner Sicht wie verändert, im Blick auf: ☐ Selbstkenntnis ☐ Theorie und berufliches Handeln ☐ Kommunikations- u. Interaktionsverhalten ☐ Institution und gesellschaftlicher Bezug			
4. Welche Kompetenzen habe ich erweitert, bzw. erworben?			
5. Erlebe ich Status- und/oder Funktionsveränderungen? ☐ welche? ☐ woran?			

Literatur

Es ist Literatur aufgeführt, die für das vorliegende Buch eine Art »Auseinandersetzungsmaterial« darstellte. Ausführliche Bibliographien zur Supervision befinden sich in vielen Veröffentlichungen zum Thema Supervision.

Akademie Remscheid für Musische Bildung und Medienerziehung
Lehrbriefe und Übungsmaterial in der berufsbegleitenden Fortbildung in Methoden der Freizeit- und Kommunikationsberatung 1973/75

Akademie für Jugendfragen in Münster
Arbeitspapiere und Übungsmaterial in der berufsbegleitenden Zusatzausbildung für Supervisoren 1976/78

Akademie für Jugendfragen Münster, Herausgeber, Supervision im Spannungsfeld zwischen Person und Institution, Freiburg 1979

van Beugen, Marinus, Agogische Interventionen/Planung und Strategie, Freiburg 1972

Berne, Eric, Spiele der Erwachsenen, Reinbek bei Hamburg, 8. Aufl. 1976

Claessens, Dieter, Rolle und Macht, München, 3. überarb. Aufl. 1974

Day, Peter R., Kommunikation in der Sozialarbeit, Freiburg 1976

Ellis, Albert, Die rational-emotive Therapie / Das innere Selbstgespräch bei seelischen Problemen und seiner Veränderung, München 1977

Gaertner, Adrian, Herausgeber, Supervision / Materialien 7, Kassel, 3. erw. Aufl. 1979

Hielscher, Hans, Herausgeber, Materialien zur sozialen Erziehung im Kindesalter, Heidelberg 1974

Huppertz, Norbert, Supervision / Analyse eines problematischen Kapitels der Sozialarbeit, Neuwied/Darmstadt 1975

Kersting, Heinz J., Kommunikationssystem Gruppensupervision / Aspekte eines Lernlehrverfahrens, Freiburg 1975

Kovel, Joel, Kritischer Leitfaden der Psychotherapie, Frankfurt/Main und New York 1977

Martin, David G., Gesprächs-Psychotherapie als Lernprozeß, Salzburg, 2. Aufl. 1976

Minsel, Wolf R., Praxis der Gesprächspsychotherapie Wien - Köln - Graz 3. Aufl. 1975

Parsons, Talcott, Herausgeber Stefan Jensen, Zur Theorie sozialer Systeme, Opladen 1976

Petzold, H. G. / Brown, G. I., Gestalt-Pädagogik / Konzepte der Integrativen Erziehung, München 1977

Remscheider »Informationen u. Materialien zur Spielpädagogik« Ulrich Baer, Hubert Kirchgäßner, Jürgen W. Kleindiek, Arbeitshefte in unregelmäßigen Abständen.

Riemann, Fritz, Grundformen der Angst, München/Basel, 12. überarb. u. erw. Aufl. 1977

Sader, Manfred u. a. (Herausgeber), Verbesserung von Interaktion durch Gruppendynamik, Münster 1976

Schulte, D., Der diagnostisch - therapeutische Prozess der Verhaltenstherapie, in: Brungelmann/Tunner (Hrsg.) Behaviour-Therapy-Verhaltenstherapie München 1973

Haus Schwalbach, Redaktionsgruppe, Supervision – ein berufsbezogener Lernprozeß, Wiesbaden 1977

Strömbach, Renate u. a., Supervision / Protokolle eines Lernprozesses, Gelnhausen/Berlin, Freiburg, Nürnberg/München 1975

Watzlawick, Paul u. a. Menschliche Kommunikation, Bern/Stuttgart/Wien, 4. Aufl. 1974

Watzlawick, Paul, Wie wirklich ist die Wirklichkeit? Wahn, Täuschung, Verstehen, München, 5. Aufl. 1978

Ein Wort zum vorläufigen Schluß

Wir haben in mehrjähriger Supervisionsarbeit versucht, einen Theorieextrakt aus Beratungsabläufen zu gewinnen. Dazu wurden Reflektions- und Kontrollstandards eingesetzt und ausgewertet. Eine nicht geringe Anzahl von Tonträgeraufzeichnungen diente uns dabei als wesentliche Materialquelle.

Die ersten »Ergebnisse« dieser Konzeption von Supervision und Praxistheorieentwicklung liegen in Form dieser Veröffentlichung vor und sollen zur weiteren Auseinandersetzung und Präzisierung von Beratungsinhalten und -abläufen dienen.

Danken möchten wir in diesem Schlußwort Frau Professor Trapmann, die uns auf Untersuchungs- und Textsequenzen hinwies und uns zur Konkretisierung herausforderte. Wir danken Herrn Studienrat John für die gründliche Durchsicht des Textmaterials und unseren Familien, die unsere Arbeit akzeptierten und den damit verbundenen Zeitaufwand in Kauf nahmen. Ebenso sei den Supervisanden gedankt, die sich bereitwillig auf die Tonträgeraufzeichnungen und deren Auswertungen einließen. Möge das Buch uns selbst und vielen anderen Impulse zur Weiterarbeit an diesem Thema und an der Entwicklung von Beratungskonzepten geben.

Renate John   **Heinrich Fallner**

Zu den Autoren:

Renate John

Jahrgang 1944, Praxisdozentin an der Katholischen Fachhochschule für Sozialarbeit und Sozialpädagogik in Köln, Supervisorin (DGSv).

Heinrich Fallner

Jahrgang 1947, Supervisor (DGSv) für Sozialarbeit, Systemische Therapie und Beratung, Lehrsupervisor, Bibliodramaleiter (VKS).

Im UBFachverlag
sind folgende Titel erschienen:

Kreative Medien in der Supervision und psychosozialen Beratung

Autoren : Kurt F. Richter; Heinrich Fallner
ISBN : 3-927370-00-2
VK : 24.80 DM

Ein Fachbuch für die kreative Supervisions- und Beratungspraxis. Vorgestellt werden Konzepte und Methoden für eine relativ neue Art von Beratung und Supervision in der psychosozialen und systemischen Beratungspraxis. Es wird sehr eindrucksvoll die Integration kreativer Medien im Beratungsprozeß beschrieben.
Die hilfreiche Einbeziehung von Medien und Materialien in Prozessen der Supervision und Beratung werden anschaulich beschrieben und analysiert. Was nicht in Sprache zu fassen ist, tritt in den kreativen Vorgängen „zutage" und kann mit Ausdrucksmitteln wie Malen, Schreiben, Gestalten mit Materialien ausgezeichnet unterstützt werden, wenn es mit der Sprache nicht weiter- oder „tiefergeht". Wer in seinem Beruf mit Aufgaben der Beratung betraut ist, findet in diesem Buch ein neuartiges und ausbaufähiges Konzept.

Lebenskurven

Autor : Heinrich Jürgenbehring
ISBN : 3-927370-01-0
VK : 16.80 DM

Ein Buch mit Erzählungen und Gedichten. Dem Autor gelingt es, Augenblicke, Ereignisse und Begegnungen, die unser Leben verändern können, phantasievoll zu beschreiben.
Ansatzpunkt ist die „Lebensmitte", die viele Menschen zwingt, auf das bisher Erfahrene zurückzublicken. Dabei wird deutlich, daß es nicht möglich ist, das „Rad der Zeit" zurückzudrehen oder zu stoppen.
Dem Anspruch: „Alles Persönliche ist politisch" wird der Autor gerecht, indem er die persönliche Lebenssituation Einzelner mit gesellschaftspolitischer Realität verbindet. Er fordert uns auf, „politische Verantwortung" zu tragen.
Der Autor ist durch Gedichte und Essays in Publikationen, sowie durch Rundfunkandachten bekannt.
Erzählungen und Gedichte, die zum Lesen einladen. Ein Buch für viele Gelegenheiten und als persönliches Geschenk.

Wer braucht noch ein Adjektiv ?

Autorin :   Annette Old
ISBN :   3-927370-02-9
VK :   39.80 DM

Sechs Spiele (kartoniert) mit „Wortarten-Lotto" für Anfänger, Fortgeschrittene und „Kenner"; Satzbau-Spiel; Wortarten-Memory und Partner-Such-Spiel, einschl. Handbuch mit ausführlichen Spielanleitungen und Vorschlägen zur weiteren Differenzierung.

Die Spiele sind so didaktisch aufgebaut, daß Kinder im Alter von 9 – 13 Jahren Spaß haben können an den Grundlagen der Grammatik im Deutschunterricht, die oft langweilig und mühsam erlernbar sind.

Ansatzpunkt ist die Einsicht, daß Kinder die Dinge, mit denen sie im Leben konfrontiert werden, am nachhaltigsten durch Spielen bewältigen — denn Spielen bedeutet für Kinder hohe Anforderungen, verbunden mit großer intensiver Lernmotivation. Die hier angebotenen Lernspiele für den Deutschunterricht sind von der Autorin in der Praxis vom 5. und 6. Schuljahr am Gymnasium und an Gesamtschulen entwickelt und mit großem Erfolg erprobt worden.

Kollegiale Beratung

Autoren :   Heinrich Fallner; Hans-Martin Gräßlin
ISBN :   3-927370-05-3
VK :   24.80 DM

Die Notwendigkeit einer Praxisbegleitung für Anfänger und die professionelle Beratung und Supervision in besonderen Problemsituationen ist in sozialen Feldern grundsätzlich anerkannt.

Im weiten Bereich der normalen Arbeitsabläufe ist aber ein Beratungsbedarf nur schwer zu legitimieren. Die Isolierung der Mitarbeiter in ihren persönlichen Fragestellungen und ihr „Unberatensein" wird oft schmerzlich empfunden. Das Angebot der Kollegialen Beratung füllt diese Lücke mit überraschend einfachen Mitteln.

Das Verfahren ist kostengünstig und zeitökonomisch. Es kann stundenlange, ermüdende Konfliktgespräche ersparen. Es konzentriert sich auf die Sache. Das Verfahren verhindert, daß ein/e betroffene/r Kollege/Kollegin „überfahren" wird. Es ermöglicht Kollegialität. In der Regel erweist sich die Mitarbeiterhierarchie und die unterschiedliche Kompetenz von Mitarbeitern in Gesprächen als hinderlich. In der Kollegialen Beratung können sie eine Bereicherung bedeuten. Die Form der Kollegialen Beratung verhindert vorschnelle Bewertung und „Über-Emotionalisierung". Sie gibt dem, der eine Fragestellung eingebracht hat, die Chance, in der Alltagspraxis seine eigene Lösung mit neuen Gesichtspunkten zu finden.

Der kleine Unterschied

Autor :   Raimund Erger; Manfred Molling
ISBN :   3-927370-08-8
VK :   26.80 DM

Aufgrund ihrer Analyse psychosozialer Zusammenhänge und ihrer Auswertung von Interviews kommen die Autoren zu dem Schluß, daß Männer wie auch Frauen im Sozialbereich einer Ideologie der sozialen Harmonie und Androgynität nachhängen.
Brüche in der Lebensbiographie, Rollenunsicherheit, Rivalität, Neid, Macht, Erotik sind geläufige Themen.
Wenn sie nicht dem eigenen Idealbild entsprechen, werden sie entweder schlichtweg geleugnet, auf andere projeziert, bagatellisiert oder schuldhaft als etwas Defizitäres eingestanden.
Unausbleibliche Folge: Die beiden Geschlechter bleiben sich fremd, sowohl oder gerade weil Männer wie Frauen sich um progressive Vorurteilsfreiheit bemühen.
Das Buch wendet sich an SupervisorInnen, TherapeutInnen, SozialpädagogInnen, PsychologInnen, Studierende und Supervisanden.

Du kommst an der Liebe nicht vorbei

Autorin :   Renate John
ISBN :   3-927370-13-4
VK :   16.80 DM

Die bewundernswerte Klarheit in der Wortkonstruktion, das bis ins Detail gehende enorme Einfühlungsvermögen in vielen Glaubensfragen sind die typischen Merkmale vieler Textstellen, die den Lesern mitten ins Herz treffen, ohne jedoch sentimental zu wirken. Sie lenken den Blick auf wesentliche Aspekte des Glaubens und der Neubesinnung, auf Hoffnung und Gefühlstiefe unserer Seele. Anstelle der Resignation tritt der Mut zum Optimismus.
Die Autorin will wachrütteln und zum Nachdenken anleiten, den Herausforderungen des Lebens nicht nur mit Zweifeln und Angst, sondern mit mehr Glaubensstärke zu begegnen. Dabei hält sie sich nicht bei Vordergründigkeiten auf. Hierzu zählt ein tiefgründiges Ausloten auch von nicht alltäglichen Problemen.
Das vorliegende Buch ist ungemein eindrucksstark. Auf ungewöhnliche Fragen gibt die Autorin ungewöhnliche Antworten. Es ist ein fundiertes, konzentriertes, nicht alltägliches Buch mit einer feinen Ästhetik in der Wortwahl, geistvoll, jedoch nicht hochtrabend oder überheblich.
Ein Buch für die Erwachsenenbildung und Gemeindearbeit, und zum Verschenken bei vielen Anlässen.

Songs in Action

Autorin :   Annette Old
ISBN :   3-927370-10-X
VK :   26.80 DM

Die in dieser Sammlung enthaltenen Lieder behandeln Themen des fünften und sechsten Jahrgangs gemäß den Richtlinien des Faches Englisch für Gesamtschulen in NRW. Diese Lieder wurden im Rahmen von Unterrichtseinheiten als motivierende Möglichkeit der Einführung und Festigung von Wortschatz, Strukturen usw. konzipiert. So kann mit diesen Liedern ein Teil des Grundwortschatzes dieser Jahrgänge „spielend" erworben werden. Einige dieser Lieder können bereits in der vierten Klasse der Grundschule eingesetzt werden.
Damit diese Lieder u.a. auch in der Grundschule eingesetzt werden können, hat die Autorin die Liedertexte in der an vielen Grundschulen eingeführten „vereinfachten Ausgangsschrift" handschriftlich erstellt. Die Autorin ist der Meinung, daß, wenn wir Schönschrift wünschen und die damit verbundene ästhetische Erziehung ernstnehmen, müssen wir selbst Vorbild sein und die Kinder so häufig wie möglich mit „schöner" Schreibschrift konfrontieren.

Zu einem späteren Zeitpunkt veröffentlicht die Autorin eine Materialsammlung mit Ideen und Vorschlägen für die Unterrichtspraxis in Form von vorgestelllten Arbeitstechniken bzw. Arbeitsblättern. Ziel ist es, anhand jeden Liedes exemplarisch konkrete Spiel-, Sprech- und Schreibanlässe bis zur Konzeption einer Klassenarbeit vorzustellen.

Lieferumfang von „Songs in Action: Liedercassette, einschl. Materialmappe mit Liedertexten.

Mitgliederverzeichnis DGSv

Anschriftenverzeichnis der Mitglieder der Deutschen Gesellschaft für Supervision e.V.

Herausgeber : Deutsche Gesellschaft für Supervision e.V., Köln
ISBN : 3-927370-12-6
VK : wird vom Zentralen Sekretariat der DGSv als Einzelexemplar kostenlos abgegeben.
Adresse: Zentrales Sekretariat der DGSv
Amselstraße 13
32479 Hille
Telefon 05734-1087 · Telefax 05734-3049

Das Anschriftenverzeichnis der Mitglieder und der Institutionen wird jedes Jahr auf den neuesten Stand gebracht.

Materialien für die Supervisionspraxis

Herausgeber :   Deutsche Gesellschaft für Supervision e.V.
ISBN :   3-927370-11-8
VK :   26.80 DM

Das Praxis-Handbuch stellt einen wichtigen Teil des Spektrums dar, in dem sich die Arbeit des professionellen Supervisors bewegt. Spezielle Bedingungen, die Ihnen im supervisorischen Alltag begegnen, sind von KollegInnen, die seit vielen Jahren, überwiegend in der freien Praxis, tätig sind, nach ihren Erfahrungen und ihrem Wissen zusammengestellt worden. Gewollt sind hier die konkreten, die Basis bildenden Handlungshilfen für den Alltag zusammengestellt worden.

Das Redaktionsteam des Handbuchs hat sich auf die Rahmenbedingungen konzentriert, die seines Erachtens für die Supervisionspraxis notwendig sind und nur selten im Curriculum der Ausbildungen berücksichtigt werden.

Zielgruppen sind SupervisorInnen, Beratungsfachkräfte, ErwachsenenbildnerInnen u.a.

Geplante Veröffentlichungen 1993/94 im UBFachverlag :

Konzepte

Handlungsansätze aus der Medienintegrierten Supervisorenausbildung der Akademie Remscheid

Herausgeber : Verband für Kommunikationsberatung und Supervision e.V. — VKS —
ISBN : 3-927370-04-5

Bibliodrama

Praxisbuch für die Erwachsenenbildung und Gemeindearbeit

Autoren : Hermann Brandhorst, Heinrich Fallner, E. Natalie Warns
ISBN : 3-927370-07-X

Angst in Gruppen und Institutionen

Autor : Harald Pühl
ISBN: : 3-927370-16-9
VK : 28.60 DM

Im Vordergrund steht der konstruktive Anteil von Angst in Gruppenprozessen. Nach Beobachtungen des Autors wird Angst über offene oder verdeckte Strukturen gebunden. Mythenbildung dient in Arbeitsgruppen zur Verarbeitung oder Kanalisierung von Angst. Der Autor versucht auf dieser theoretischen Grundlage eine praxisnahe Weiterentwicklung des gruppenanalytischen Konzeptes von Foulkes.